MAGIA

PARA NIÑOS

MAGIA

PARA NIÑOS

FAY PRESTO

susaeta

Título original: *Magic for kids*
Traducción: María Ángeles Martínez
Fotógrafo: Ray Moller
Ilustrador: Woody
Published by arrangement with Kingfisher Publications plc.

Campezo, s/n - 28022 Madrid
Tel.: 913 009 100 - Fax: 913 009 118
Impreso en España

INTRODUCCIÓN

Hola! Me llamo Fay Presto. Durante los últimos dieciséis años he pasado muy buenos ratos haciendo números de magia. Un buen día, después de haberme dedicado a algunos trabajos muy aburridos, decidí que lo que de verdad quería era ser maga. Compré algunos libros sobre magia, inventé una función y me lancé. Desde entonces he descubierto algunas cosas interesantes: la magia es más fácil de lo que cabría pensar; no todo consiste en los trucos, sino que también son importantes las personas y la forma de conectar con ellas, así como el modo en que el mago se presenta y muestra su espectáculo. Este libro incluye muchos trucos, pero también explica cómo deben presentarse, la manera en que debe comportarse el mago y cómo crear un buen espectáculo. Resulta difícil actuar con confianza la primera vez. La única manera de superar el miedo es salir y representar el número. La magia me ha proporcionado muchas cosas buenas: he viajado por todo el mundo y he conocido personas interesante. Además, siempre que la función me ha salido bien he sido recompensada con algo maravilloso: ¡los aplausos! Espero que este libro os ayude a empezar en el mundo del espectáculo.

Fay Presto

CONTENIDO

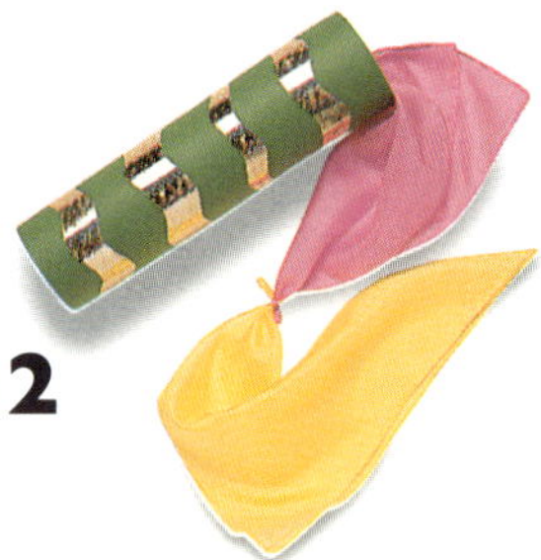

CÓMO UTILIZAR ESTE LIBRO

Conviene que aprendas a reconocer una serie de símbolos que explicamos a continuación. Tienen la finalidad de orientarte en las páginas que enseñan nuevos trucos y técnicas (páginas 16-65)

Este símbolo indica el grado de dificultad del truco para aprenderlo y representarlo.

fácil **regular** **difícil**

El texto de introducción explica lo que el público va a ver. También indica al mago si necesitará que otra persona le ayude en su actuación.

El recuadro de los consejos ofrece indicaciones muy prácticas que el mago deberá tener en cuenta cuando prepare el truco o lo ponga en escena.

El apartado llamado ORGANIZACIÓN indica lo que tiene que hacer el mago antes de la actuación. Debe leerse después del apartado denominado PREPARACIÓN.

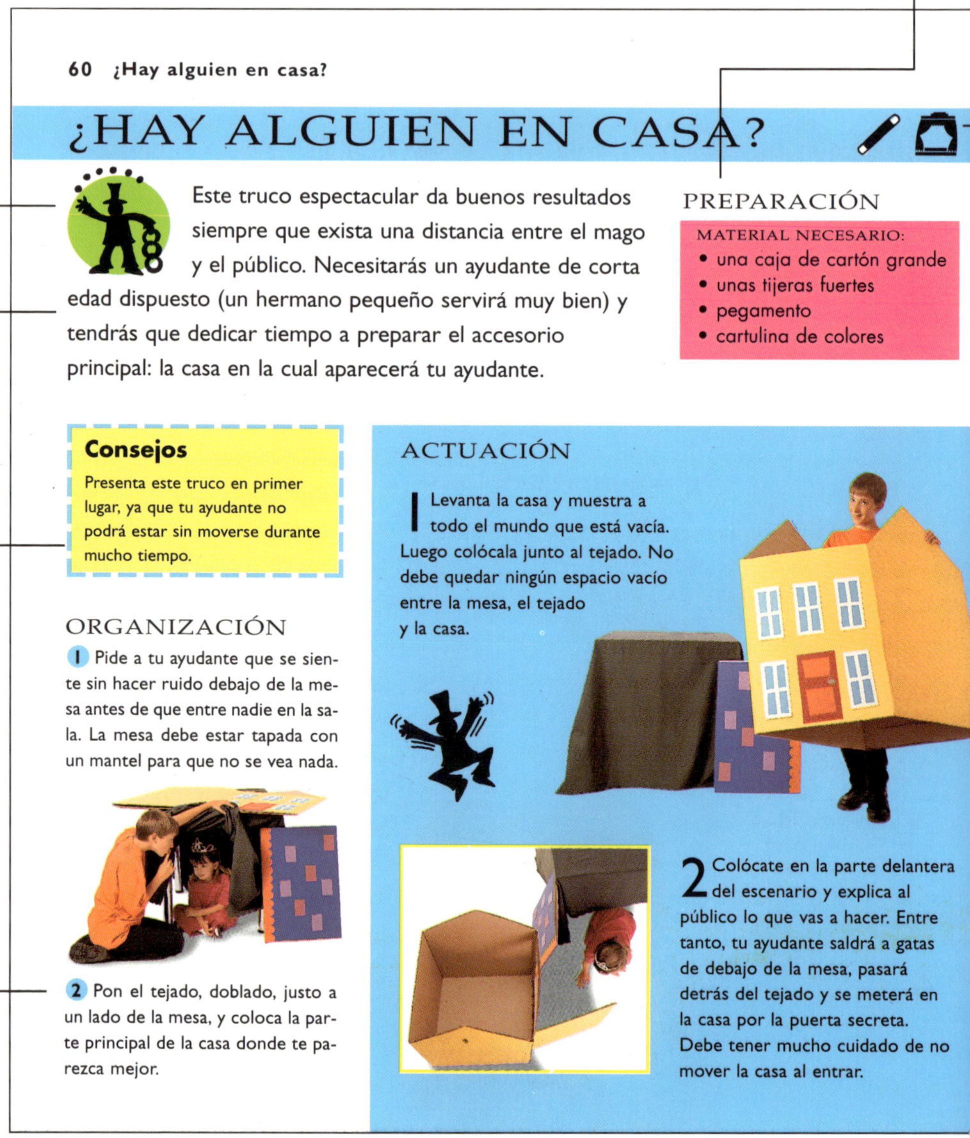

60 ¿Hay alguien en casa?

¿HAY ALGUIEN EN CASA?

Este truco espectacular da buenos resultados siempre que exista una distancia entre el mago y el público. Necesitarás un ayudante de corta edad dispuesto (un hermano pequeño servirá muy bien) y tendrás que dedicar tiempo a preparar el accesorio principal: la casa en la cual aparecerá tu ayudante.

PREPARACIÓN

MATERIAL NECESARIO:
- una caja de cartón grande
- unas tijeras fuertes
- pegamento
- cartulina de colores

Consejos
Presenta este truco en primer lugar, ya que tu ayudante no podrá estar sin moverse durante mucho tiempo.

ORGANIZACIÓN

1 Pide a tu ayudante que se siente sin hacer ruido debajo de la mesa antes de que entre nadie en la sala. La mesa debe estar tapada con un mantel para que no se vea nada.

2 Pon el tejado, doblado, justo a un lado de la mesa, y coloca la parte principal de la casa donde te parezca mejor.

ACTUACIÓN

1 Levanta la casa y muestra a todo el mundo que está vacía. Luego colócala junto al tejado. No debe quedar ningún espacio vacío entre la mesa, el tejado y la casa.

2 Colócate en la parte delantera del escenario y explica al público lo que vas a hacer. Entre tanto, tu ayudante saldrá a gatas de debajo de la mesa, pasará detrás del tejado y se meterá en la casa por la puerta secreta. Debe tener mucho cuidado de no mover la casa al entrar.

El apartado de PREPARACIÓN incluye un recuadro en el que se indica el material que vas a necesitar. A continuación se enseña a construir o preparar los elementos necesarios. Este apartado debe leerse antes que el de ORGANIZACIÓN.

Este símbolo indica si este truco es apropiado para representarlo cerca del público («de cerca»), en una sala mayor («de salón») o un escenario.

de cerca **salón** **escenario**

¿Hay alguien en casa? 61

1 Utiliza una caja grande de cartón, quitando la parte superior y la inferior, y dejando dos formas en pico para el tejado.

2 Ahora haz un tejado con cartón. El tejado debe poder quitarse y ponerse.

3 Decora la casa a tu gusto.

4 Finalmente, recorta una gran puerta en la parte trasera de la casa, a unos 20 mm de la base inferior.

3 Coge el tejado y muestra al público que no hay nada debajo de éste ni entre la casa y la mesa. Luego coloca el tejado encima de la casa.

4 Ahora di unas palabras mágicas o agita tu varita mágica.

5 Mientras quitas el tejado preguntando en voz alta si hay alguien en casa, tu ayudante asoma alegremente por arriba de la casa.

Bla, bla

«Como podéis ver, no hay nadie en casa en este momento. No sé si voy a recibir alguna visita en mi nueva casa...Quizá si agito mi varita mágica...Una, dos, tres, ¡Arriba!»

En el apartado de PREPARACIÓN se indica por orden el modo de preparar los elementos necesarios para el truco. Cada paso se ilustra con un dibujo.

En el apartado de ACTUACIÓN se indica todo lo que tiene que hacer el mago para realizar el truco. Cada paso está numerado y explicado con claridad. Además todos ellos van acompañados de fotografías.

El recuadro denominado BLA, BLA sugiere una serie de frases que el mago puede decir mientras realiza el truco. Cuando el texto se interrumpe con tres puntos suspensivos, significa que lo que viene a continuación debe decirse en el siguiente paso de la actuación.

CONSEJOS ÚTILES

Llegará un momento en el que ya estés preparado para crear tu propio espectáculo. Pero antes es importante que leas la información que presentamos en estas páginas. Una de las claves para tener éxito como mago es aprender los secretos del oficio, es decir, aquellos trucos que descubrieron con gran esfuerzo otros magos anteriores a ti.

LO QUE HAY QUE RECORDAR

En casi todas las páginas de este libro aparecen recuadros con consejos. En ellos encontrarás una información muy útil que te ayudará con cada truco en particular. En las seis páginas que vienen a continuación hay otros consejos de carácter general que te convendrá recordar en tus ensayos y actuaciones.

MOSTRAR SEGURIDAD

Cuando vemos que alguien hace un buen truco de magia, parece que todo es muy fácil. En realidad, lo más probable es que el cerebro del mago se esté moviendo muy deprisa, pensando qué truco debe hacer después, qué es lo que prefiere la audiencia y cómo lograr que el truco salga bien.

Trata de mostrar tranquilidad aunque por dentro te sientas nervioso.

¡VA A EMPEZAR LA FUNCIÓN!

Siempre que alguien hace trucos de magia, está presentando un espectáculo. Tanto si éste tiene lugar en el escenario del colegio, como si se realiza en la mesa después de comer, habrá que darle cierta forma y planear un comienzo, un desarrollo y un final.

LOCALIZACIÓN

Observa la zona donde tendrá lugar la función. Muchas habitaciones tienen un área más apropiada para llamar la atención de manera natural, como puede ser una chimenea, un rincón o una puerta. Tras elegir el punto exacto, adapta tu programa a ese lugar. Los símbolos del libro te ayudarán a decidir si un truco concreto es más apropiado para representarlo cerca del público, en una sala mayor o en un escenario (véase páginas 8-9).

Asegúrate de que todo lo necesario, incluidas las mesas y las sillas, están en su sitio antes de empezar la actuación.

LA SECUENCIA

El orden de presentación de los trucos es importante. Por ejemplo, puedes realizar un truco en el que, por arte de magia, aparecen unos pañuelos en una caja, para luego utilizar estos mismos pañuelos en el truco siguiente. Termina siempre con algo que cause asombro, y trata de que el público se quede con ganas de ver más.

NO CUENTES EL TRUCO

Nunca repitas un truco, aunque te tiente el hacerlo. La segunda vez, el público estará atento para descubrir el secreto del número de magia. Por mucho que lo intentes, no conseguirás impresionarles tanto como en la primera ocasión. Además, resiste la tentación de contar a tus amigos el secreto del truco. Sólo lograrás desilusionarles.

DISTRAER LA ATENCIÓN

Si deseas hacer algo sin que el público se dé cuenta, haz una pregunta. Automáticamente la gente te mirará a la cara y no a las manos, con lo que podrás actuar rápidamente sin que nadie lo note.

PRACTICA LA TÉCNICA

Recuerda que es necesario practicar para perfeccionarse. Colócate delante de un espejo para comprobar cómo va a ver el público los trucos. Si aún así te sientes inseguro, intenta hacer los trucos delante de uno o dos amigos.

¡PÁSATELO BIEN!

Aunque tendrás que estar pensando en varias cosas distintas a la vez, recuerda que la finalidad de ofrecer una función de magia es que tanto tú como el público os divirtáis. Por supuesto, concéntrate en lo que estás haciendo, pero procura disfrutar tú también, y los demás harán lo mismo de manera natural.

Utiliza un espejo para comprobar cómo te verá el público.

ACTÚA COMO UN MAGO

Cuando hagas una función, descubrirás que una buena manera de animar tanto al público como a ti mismo es representar el papel de mago de manera convincente. Para que una actuación tenga éxito es necesaria una buena representación (saber cómo actuar y qué decir), por lo que vale la pena pensar antes en qué tipo de mago deseas ser.

¿CHISTOSO O SERIO?

¿Eres un poco payaso? Entonces no estaría mal mostrar esa faceta cómica, vestirse de forma graciosa y gastar bromas con los trucos. ¿O tal vez eres una persona tranquila? En ese caso, podrías preparar una función más «misteriosa», animando los trucos con una música de fondo apropiada para la ocasión. Después de todo, es más fácil ser lo que uno es en realidad que tratar de ser muy diferente en el escenario. Sin embargo, quizá prefieras ser alguien totalmente distinto. Puedes elegir lo que tú quieras.

La sencillez y la elegancia siempre causan un gran efecto.

QUÉ ROPA LLEVAR

Una vez que hayas decidido el tipo de personaje que desees ser, hazte un disfraz: unos grandes pantalones de payaso y una nariz roja, o un sombrero de cucurucho y una túnica con estrellas pegadas, o tal vez un traje de hada. Una simple chaqueta o un traje pueden quedar muy bien.

HAY QUE SER PRÁCTICOS

No olvides que, independientemente de la ropa que te pongas, para algunos trucos necesitarás un traje con manga larga para esconder alguna cosa. Los bolsillos son muy prácticos para guardar monedas y otros objetos pequeños. Pero procura que el traje no sea tan delicado o complicado que te moleste y te impida concentrarte en la función de magia.

DÓNDE ACTUAR

Piensa en el lugar donde va a ser la función. Si piensas hacer algo en la mesa después de una comida, tal vez sea inadecuado salir corriendo para ponerte una túnica y un sombrero brillantes. Si se trata de una función del colegio, el público agradecerá que te hayas tomado la molestia de ponerte algo indicado para la ocasión. Si tu aspecto es especial, será más fácil hacer algo especial.

Puedes alquilar un disfraz vistoso y de bonitos colores para esa ocasión tan especial.

SER UN CHARLATÁN

Los magos utilizan mucha palabrería, hablando sin parar mientras actúan. Conviene preparar lo que vamos a decir, en parte para explicar a los espectadores lo que estamos haciendo (o lo que queremos que crean que estamos haciendo), y en parte para distraer su atención y evitar que se fijen demasiado en otras cosas que deseamos ocultar. En cada truco del libro encontrarás recuadros parecidos al que mostramos aquí arriba, con el título «Bla, bla». Puedes utilizarlos como guía para ayudarte en tu actuación.

Bla, bla

«Hola. Soy un mago, y mi magia la alegría contagia.»
«Damas y caballeros, vamos a hacer unos cuantos experimentos con una baraja de cartas.»
«Nada por aquí, nada por allá.»
«Se ve y no se ve; el que quiera encontrarlo que atento esté.»
«Este truco os va a divertir; pero es tan complicado que ni siquiera yo lo entiendo».

NO DEJES DE PRACTICAR

Tardarás algún tiempo en ser capaz de hablar con soltura a la vez que haces un truco, sobre todo si se trata de un número que requiera mucha habilidad. Si practicas la palabrería primero con los trucos más fáciles, pronto podrás hacerlo con trucos más difíciles.

ACCESORIOS Y MARIONETAS

Los magos utilizan como parte de su actuación objetos o accesorios que les ayudan a llevar a cabo sus números. Los más sencillos podrás encontrarlos en casa o «pedirlos prestados» al público. Otros pueden preparase con antelación o comprarse en tiendas especializadas en magia.

TIPOS DE ACCESORIOS

La mayoría de los magos actúa con la ayuda de accesorios: objetos corrientes como barajas de cartas, cuerdas o monedas, o bien objetos de apariencia normal pero que en realidad no lo son, y habrá que hacerlos en casa o comprarlos (cajas de cartón con fondos falsos, puertas secretas, tubos con compartimentos ocultos o recipientes con espejos escondidos).

En las tiendas de magia se venden cartas más grandes.

TIENDAS DE MAGIA

Otros accesorios, como cartas de juego más grandes de lo normal, varitas mágicas y pañuelos de mago pueden comprarse en tiendas especializadas. Si las cartas de una baraja normal son demasiado grandes para tus manos, también puedes comprar cartas más pequeñas en una de estas tiendas.

¿QUIÉN PUEDE DEJARME UN...?

Algunos de los accesorios más empleados, como las monedas o los billetes, suelen pedirse prestados al público. O bien, si la representación va a tener lugar durante una comida, el mago puede utilizar objetos que estén sobre la mesa, como por ejemplo una servilleta, un salero o un vaso. Al emplear objetos que están a mano, el público piensa que el mago no ha tenido tiempo de preparar los accesorios ni de hacer nada «secreto» con ellos, por lo que esta aparente espontaneidad añadirá realismo a la función. Además, los espectadores no sospecharán de los accesorios que se utilicen. Después de todo, ¿cómo van a desconfiar de algo que ha salido de su propio bolsillo?

HACEMOS NUESTROS ACCESORIOS

Algunos de los trucos de este libro requieren accesorios que se fabrican en casa. En estos casos se explica claramente cómo hacerlos y se expone una lista del material necesario para ello.

Decora los accesorios que hagas con cartulinas de colores, cintas brillantes y pegatinas de formas distintas.

Para la mayoría de ellos, necesitarás objetos baratos y fáciles de encontrar, como por ejemplo botellas vacías de detergente, cajas de cartón, tarrinas de crema de cacao o de helado y cajas de cerillas vacías. Cada paso se explica e ilustra claramente en el apartado llamado PREPARACIÓN.

Ahora consigue los siguientes objetos:
- un lápiz
- una regla
- tijeras
- una escuadra
- pegamento
- cinta adhesiva
- cartulinas de colores
- pinturas

¡El mundo de la magia está en tus manos!

MAGIA CON MARIONETAS

Otro tipo de accesorios que tal vez te gustaría utilizar en tu actuación, una vez que te sientas más seguro cuando aprendas los trucos, son la marionetas que se utilizan metiendo la mano dentro. Éstas sólo pueden emplearse en cierto tipo de trucos, cuando no suponga un problema el utilizar una sola mano. Pero puede resultar útil y divertido tener un personaje en el escenario con quien conversar, lo cual te ayudará a superar tu miedo o simplemente hará que el truco sea más entretenido.

Trucos que pueden realizarse con la ayuda de una marioneta:
- Adivina el número
- ¡A ganar dinero!
- Leo tu mente
- Noticias frescas
- La cuerda que atraviesa
- Agua con sorpresa
- El tubo mágico
- Cartas planas o redondas
- El arroz crece
- El plátano troceado
- Magia en la copa
- Helado de reina
- ¡Hasta dentro!
- La caja del espejo
- ¿Hay alguien en casa?
- ¡Aparece y desaparece!

ADIVINA EL NÚMERO

Se pide a un miembro del público que escriba una serie de números. Al sumarlos, el resultado coincide con un número que tú, con anterioridad, habías escrito y metido en un sobre.

PREPARACIÓN

MATERIAL NECESARIO:

- una hoja de papel
- un bolígrafo
- un sobre

ORGANIZACIÓN

1 En una hoja de papel, escribe el número de cuatro cifras que equivalga al doble del año en el que estás viviendo, por ejemplo:
1999=3998
2000=4000

2 Mete el papel en el sobre y ciérralo. Es el número que vas a adivinar.

Bla, bla

«Este es el resultado de una suma que todavía no hemos hecho... Escribe las respuestas a algunas preguntas... ¡Asombroso! ¡Los resultados coinciden!

ACTUACIÓN

1 Pide a un espectador que escriba el año en el que ha nacido en una pizarra o en una cartulina.

2 Debajo de este número debe poner el año de un suceso importante de su vida, luego los años que ha cumplido, o que va a cumplir ese año, y finalmente los años que han pasado desde ese suceso. Ha de sumar todo.

3 Abre el sobre. El resultado de la suma coincidirá con el número que tú habías escrito y guardado.

¡A GANAR DINERO!

Se colocan seis monedas en la página de un diccionario grande donde aparezca la palabra «ganancia». Inclinas el diccionario y dejas caer las monedas en la mano de un espectador. Pero cuando éste las cuenta, descubre que hay diez: ¡Ha ganado cuatro!

PREPARACIÓN

MATERIAL NECESARIO:

- un diccionario grande con tapa dura cosida
- diez monedas pequeñas

ORGANIZACIÓN

Introduce cuatro monedas en el lomo del diccionario abierto. Asegúrate de que la encuadernación es bastante holgada como para que las monedas se deslicen sin que se caigan fácilmente.

Bla, bla

«Dicen que si llego a ser un buen mago ganaré mucho dinero. Vamos a buscar la palabra «ganancia»...Aquí está. Ahora coloca estas seis monedas en el libro..ciérralo...piensa en el dinero. Ahora ábrelo y...¡Vaya! ¿Qué tenemos aquí?»

ACTUACIÓN

1 Abre el diccionario por la palabra «ganancia». Da seis monedas a tu ayudante para que las coloque en la página abierta, en el pliegue central.

2 Cierra el libro y agita sobre él la varita mágica.

3 Abre el libro por la misma página e inclínalo de modo que las monedas caigan en la mano de tu ayudante.

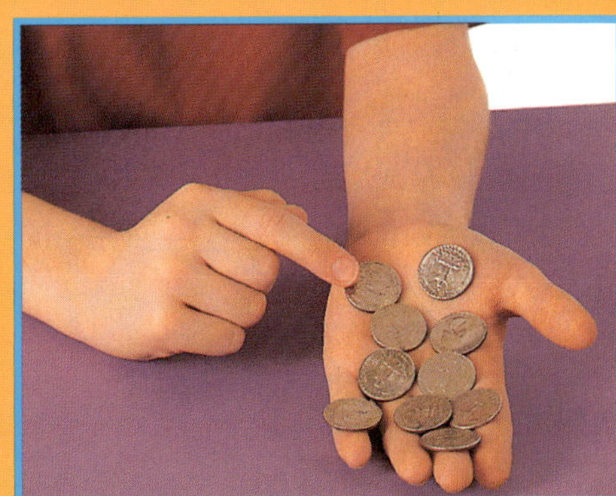

4 Pide a tu ayudante que cuente las monedas. Se quedará con la boca abierta al comprobar que ahora hay diez monedas.

LEO TU MENTE

En este truco, el público elige una página de un libro que tú has cogido, aparentemente al azar, de una estantería. Sales de la habitación mientras un voluntario lee en voz alta la primera línea de la página elegida. Cuando vuelves a entrar en la habitación, tú «lees» la mente diciendo la primera línea.

PREPARACIÓN

MATERIAL NECESARIO:

- dos libros idénticos (mejor diccionarios)
- una estantería o un montón de libros

ORGANIZACIÓN

1 Coloca una estantería de libros en la habitación. Pon en ella uno de los libros que vas a utilizar.

2 Esconde el otro libro idéntico fuera de la habitación.

Bla, bla

«Elige una página de este libro...Es importante que yo no la vea, así que saldré de la habitación... Concéntrate muy bien...Ya lo veo. Dice...»

ACTUACIÓN

1 Elige un libro «al azar» y dáselo a un espectador. Pídele que elija un número de página y que te diga cuál es el número.

2 Ahora sal de la habitación. Mientras estás fuera, tu ayudante lee la primera línea de la página acordada.

3 Entre tanto, tú lees la primera línea de la página en el libro que has escondido fuera.

4 Al volver, pide al público que se concentre en las palabras leídas, luego simula que estás leyendo su mente muy despacio diciendo en alto lo que estaba escrito.

NOTICIAS FRESCAS

En este truco, cortas una columna de un periódico por donde decida el público y un colaborador voluntario. Cuando abres un sobre cerrado, las palabras escritas en el papel que hay dentro son las mismas que las de la primera línea del recorte de periódico.

PREPARACIÓN

MATERIAL NECESARIO:

- un periódico
- tijeras
- una hoja de papel
- un bolígrafo
- un sobre

ORGANIZACIÓN

1 Corta una columna de un texto de un periódico.

2 Escribe claramente la línea superior de ese texto en un trozo de papel, mételo en un sobre y ciérralo.

Bla, bla

«Aquí tengo un recorte de periódico. ¿Por dónde os gustaría que lo cortara? Decid «alto» cuando queráis... Coger este trozo... Lee la primera línea... ¡Es lo mismo que hay escrito aquí!»

ACTUACIÓN

1 Sostén la tira de papel boca abajo (lejos del voluntario, para que no vea que las letras están al revés). Sube y baja las tijeras y pide al voluntario que diga «alto» cuando quiera.

2 Corta la tira por donde lo indique, y deja que la parte inferior de la misma caiga revoloteando sobre la mesa, o incluso al suelo.

3 Pide al voluntario que coja el trozo caído. Mientras lo hace, da la vuelta al trozo que ha quedado en tu mano.

4 Di al voluntario que lea en voz alta la línea superior del trozo que acaba de coger. Luego saca el sobre cerrado, ábrelo y... ¡dentro están escritas las mismas palabras!

LA CUERDA QUE ATRAVIESA

Se trata de un truco fácil y espectacular, muy apropiado para una sala o un escenario. Tendrás que llamar a un voluntario. El público verá que le rodeas desde detrás la cintura con dos trozos de cuerda y que luego los atas sin apretar por delante. Entonces tiras fuertemente de ambos extremos y la cuerda parece que le atraviesa el cuerpo.

PREPARACIÓN

MATERIAL NECESARIO:
- dos trozos de cuerda de la misma longitud
- una hebra de hilo

ACTUACIÓN

1 Sostén las dos cuerdas con una mano para ocultar la unión y di al público que vas a pasar los dos trozos de cuerda a través del cuerpo del voluntario.

2 Pasa la cuerda alrededor de la cintura del voluntario, ocultando la unión detrás de su espalda.

3 Ata las cuerdas con un nudo flojo alrededor de la cintura del voluntario, pero ten cuidado de no tirar demasiado fuerte de los extremos.

ORGANIZACIÓN

Dobla las cuerdas por la mitad y ata los dobleces con el hilo de algodón. Tira suavemente de las dos partes para asegurarte de que el hilo aguanta.

Bla, bla

«Siempre me dicen que los verdaderos magos pueden cortar a las personas por la mitad con una sierra. A mí no me hace falta algo tan caro. Puedo hacerlo con sólo dos trozos de cuerda... Necesito un voluntario. ¿Quién quiere ayudarme? ¡No tengáis miedo, no os va a doler! ¡Al menos no mucho!... ¡Mi voluntario está rodeado por las dos cuerdas del terror!... Abracadabra, líbrale cabra... ¡Ya está! Ahora procura no doblar la cintura bruscamente durante una semana más o menos.»

4 Ahora, agarrando del nudo, tira fuertemente de la cuerda para romper el hilo. ¡Los dos trozos de cuerda parecen atravesar el cuerpo del voluntario!

5 Sujeta las cuerdas como se ve en la fotografía para mostrar las dos lazadas que han atravesado la cintura de tu ayudante.

Consejos

1 Pon las cuerdas en una mesa, sin que se vea la costura.
2 Utiliza un hilo de algodón débil, que se pueda partir.

LAS CUERDAS MÁGICAS

En este truco, el público te verá coger tres trozos de cuerda —uno corto, otro mediano y otro largo— y trasformarlos en tres trozos de cuerda de la misma longitud. Para que te hagas una idea de lo que van a ver los espectadores, conviene que practiques este número delante de un espejo.

PREPARACIÓN

MATERIAL NECESARIO:

- una cuerda larga
- tijeras
- cinta adhesiva para evitar que la cuerda se deshilache

ACTUACIÓN

1 Manteniendo el dorso de la mano de cara a los espectadores (es decir, sin que vean la palma), sostén los tres trozos de cuerda muy juntos en tu mano izquierda (si no eres zurdo), sujetos entre el pulgar y el índice, de forma que los extremos sobresalgan unos 4 cm por encima de la mano.

2 Manteniendo el dorso de la mano de cara a los espectadores, coge el extremo inferior de la cuerda más corta y colócalo junto al extremo superior de la más larga.

3 Con el dedo pulgar, pasa el extremo inferior de la cuerda corta por detrás del extremo superior de la larga. No te deben ver hacerlo.

4 Ahora coge el extremo inferior de la cuerda mediana y lo colocas junto a los otros cuatro extremos. Coge el extremo inferior de la cuerda larga y colócalo junto a los otros cinco extremos.

1 Corta la cuerda en tres trozos: 24 cm, 54 cm y otro de 86 cm.

2 Pon un poco de cinta adhesiva alrededor de los extremos para evitar que se deshilachen.

Consejos

Déjalos admirados de nuevo al final. Junta en un manojo las cuerdas y dáselas a un espectador. Pídele que te las devuelva de una en una. Al hacerlo, parecerá que el espectador las ha vuelto a convertir en trozos de tres tamaños distintos.

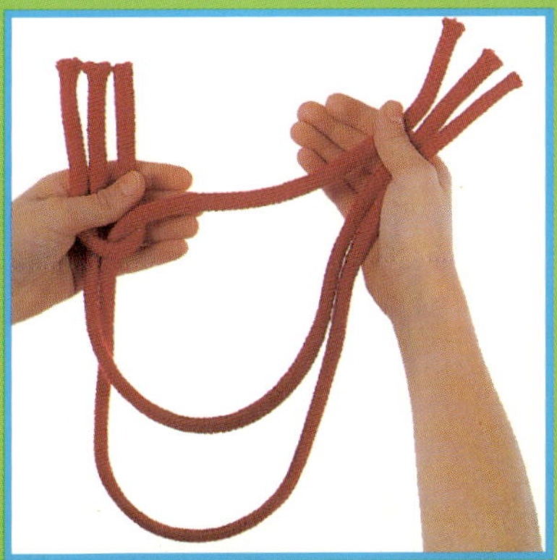

5 Sujetando en la mano izquierda los tres extremos de cuerda más cerca de la muñeca, coge los otros tres extremos con la mano derecha.

6 Ahora separa lentamente las manos, asegurándote de que la lazada que hay en tu mano izquierda no se ve.

Bla, bla

«Tengo en la mano tres trozos de cuerda, cada uno de un tamaño distinto. Voy a colocar este extremo en mi mano... Ahora, los extremos de las otras dos cuerdas... ¿Puede verlo todo el mundo? Para mi próximo número, necesito tres trozos iguales de cuerda... Voy a coger tres de los extremos con una mano y otros tres con la otra, los separo despacio y... ¡Ya tenemos tres cuerdas idénticas!»

7 Deja caer los tres extremos que tienes en la mano derecha, y muestra a los espectadores que los tres trozos de cuerda tienen la misma longitud.

AGUA CON SORPRESA

Este truco se realiza en varias etapas. En primer lugar, viertes agua en una taza a través de dos tubos vacíos. Luego arrojas el contenido de la taza sobre el público, pero no sale nada. Viertes el contenido de los tubos en un vaso y el agua sale, pero...¡ha cambiado de color!

PREPARACIÓN

MATERIAL NECESARIO:

- un vaso de plástico
- un clip
- dos cartulinas de 25 cm de ancho y 30 de largo
- cinta adhesiva
- tijeras
- colorante alimentario
- un vaso de cristal transparente
- una jarra
- un tazón o taza (que no sea transparente)

ORGANIZACIÓN

1 Vierte una cucharada de colorante alimentario en el vaso de plástico.

2 Coloca el vaso de plástico dentro de la parte superior del tubo pequeño. Desliza el tubo grande por encima y engancha el vaso y los dos tubos con el clip. El vaso no debe quedar a la vista.

ACTUACIÓN

1 Tapando con el dedo pulgar la parte exterior del clip, saca el tubo interior con la mano izquierda. El vaso de plástico debe seguir enganchado al tubo exterior.

2 Muestra al público que el tubo interior está vacío. Sostén el otro tubo hacia ti, de forma que los espectadores no vean el vaso.

3 Vuelve a colocar en su sitio el tubo interior empujándolo hacia arriba. Ahora saca el tubo exterior, asegurándote de que el vaso se ha enganchado al tubo interior.

4 Esta vez, muestra que el tubo exterior está vacío. Debes sostener el otro tubo de forma que no se pueda ver el vaso.

1 Corta el borde del vaso de plástico. Luego endereza el clip y pégalo a un lado del vaso con cinta adhesiva.

2 Envuelve el vaso en una cartulina de unos 25 cm de ancho y 30 cm de largo.

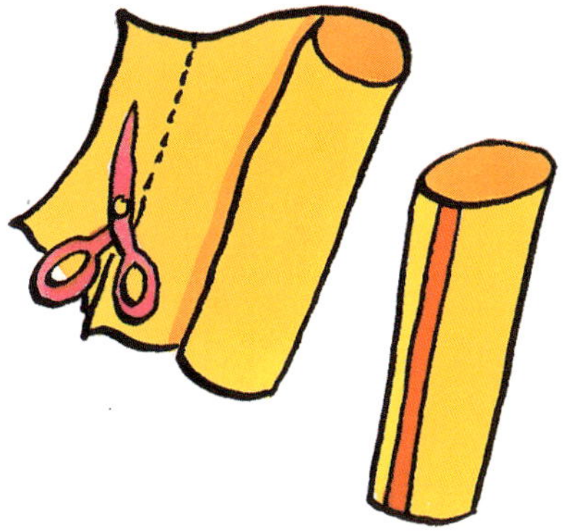

3 Recorta la cartulina, dejando un borde de 5 cm para ponerlo sobre el otro lado con cinta adhesiva, formando así un tubo.

4 Con la otra cartulina, haz un segundo tubo ligeramente más grande que el primero (el primero tendrá que poder meterse dentro del segundo). Decora la parte exterior de los dos tubos.

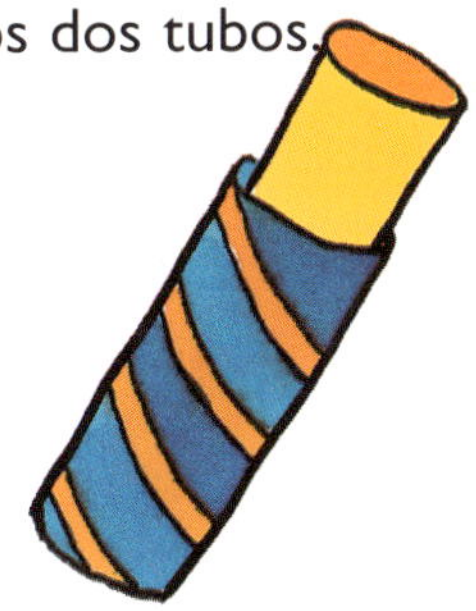

5 Vuelve a colocar los dos tubos juntos con el vaso dentro.

6 Coloca los tubos dentro de una taza, vierte un poco de agua de una jarra a la taza a través de los tubos. (En realidad el agua se quedará en el vaso de plástico.)

7 Ahora haz como si arrojaras el agua de la taza al público. (O llena la taza con confeti y arrójarselo a los espectadores.)

8 Pasa la mano por encima de los tubos como si se estuviese produciendo la magia, vierte el contenido del vaso de plástico en uno de cristal vacío. ¡El agua que aparece en el vaso ha cambiado de color!

Bla, bla

«Aquí tenemos dos bonitos tubos, los dos vacíos... Ahora voy a echar agua a través de ellos para que caiga en esta taza... ¡Asombroso! ¡El agua se ha convertido en un líquido verde!»

EL TUBO MÁGICO

Ya habrás visto hacer este truco clásico otras veces, pero ahora serás tú quien podrá realizarlo. Los espectadores verán que sacas varios pañuelos de seda de un tubo vacío. Este es un truco apropiado para realizarlo en una sala de espectáculos o en un escenario, y no es difícil de preparar ni de realizar.

PREPARACIÓN

MATERIAL NECESARIO:

- una botella vacía de detergente
- un vaso de papel o de plástico
- pintura negra
- un pincel
- tijeras
- pegamento
- papel o pinturas para decorar
- tres o cuatro pañuelos de colores

1 Corta los dos extremos de la botella de detergente lavavajillas, de manera que forme un tubo.

2 Corta unos 5 mm de la parte inferior del vaso. (Tal vez tengas que cortar más después de realizar el paso n° 3.)

3 Coloca el vaso boca abajo en el tubo, justo debajo del borde. Recorta la parte superior del vaso si es demasiado ancha.

4 Pinta el interior del tubo y del vaso de color negro, luego déjalos secar.

5 Pon pegamento en el borde exterior del vaso, y vuelve a colocarlo en el tubo para pegarlo.

6 Finalmente, decora la parte exterior del tubo mágico con papeles o pinturas de colores.

ORGANIZACIÓN

1 Ata los pañuelos de colores.

2 Enrolla los pañuelos alrededor del extremo superior del tubo, metiéndolos bien en el hueco que queda entre el borde del vaso y el tubo, de manera que no puedan verse desde fuera.

Consejos

Al comienzo y al final del truco, ten cuidado de colocar siempre la parte de arriba del tubo mirando hacia ti, para que el público no vea el compartimento secreto.

ACTUACIÓN

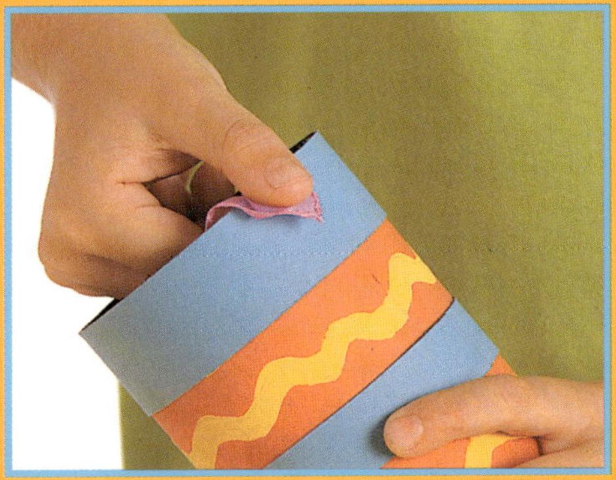

1 Antes de levantar el tubo para mostrar al público que está vacío, tira de una puntita del pañuelo con mucho cuidado y escóndela bajo tu dedo pulgar.

2 Muestra el tubo «vacío» a los espectadores.

Bla, bla

«Esto que veis aquí es un tubo vacío. ¿Lo veis todos?...Ahora voy a agitar mi varita mágica y ¿qué tenemos aquí? uno, dos..., no, tres bonitos pañuelos.»

3 Agita tu varita mágica o bien echa unos polvos mágicos sobre el tubo y di unas palabras mágicas.

4 Ahora asombra a todos sacando los pañuelos: coge el tubo con la otra mano mientras sigues agarrando la punta del pañuelo, y tira de los pañuelos.

CARTAS PLANAS O REDONDAS

Este es un truco muy fácil con el que tus amigos y familiares se quedarán con la boca abierta ante tu poder de leer la mente. Podrás adivinar las cartas que dos espectadores han elegido de una baraja. Todo lo que se necesita es un poco de práctica en el arte de distinguir una carta de otra.

PREPARACIÓN

MATERIAL NECESARIO:
- una baraja de cartas

Para hacer este truco, tienes que aprender a reconocer los dos tipos de cartas que hay en una baraja francesa: aquellas cuyos números o letras tienen la parte superior redondeada y las que la tienen plana (o en pico). El 3, el 5, el 7 y la K tienen la parte superior plana, y el 4 y la A la tienen en pico. Mira los ejemplos que mostramos a la derecha. Con un poco de práctica te resultará fácil distinguir unas de otras.

TOPE PLANO (O EN PICO)

3 4 5 7 J K A

TOPE REDONDEADO

2 6 8 9 10 Q

ORGANIZACIÓN

1 Divide la baraja en dos mitades: las que tienen los números y letras con la parte superior plana o en pico y las que la tienen redondeada.

2 Ahora vuelve a unir las dos mitades. (Con la práctica aprenderás a clasificar las cartas rápidamente delante del público.)

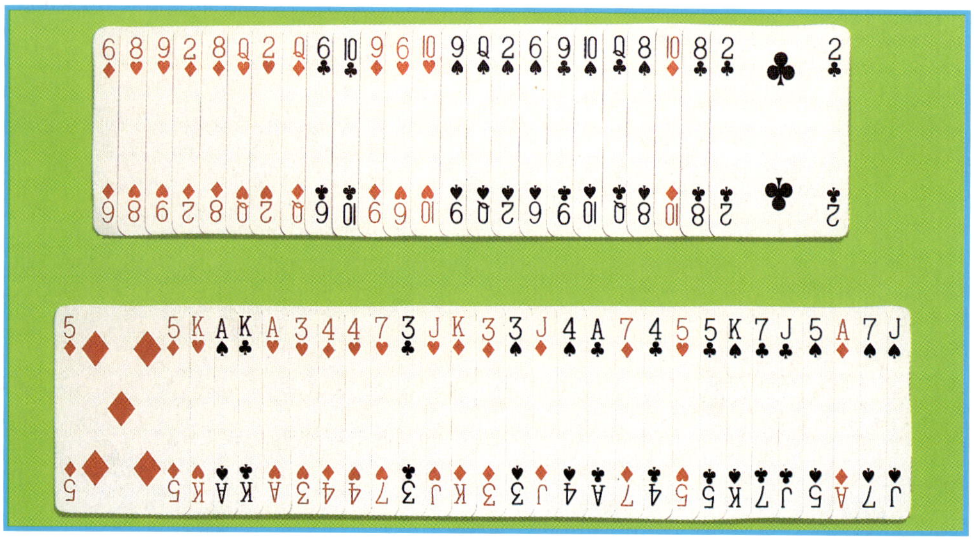

Bla, bla

«Voy a hacer un truco tan poderoso que ni siquiera tocaré las cartas. Necesito dos voluntarios. Gracias...Ahora, cada uno de vosotros vais a ofrecer vuestra baraja al otro y elegiréis una carta. No, un momento, yo me colocaré en el otro lado de la sala para no ver nada...No olvidéis memorizar la carta...Ahora, extenderlas sobre la mesa. Mm...creo que veo una carta roja; es una carta alta, regia... ¡la reina de diamantes!»

ACTUACIÓN

1 Invita a salir a dos miembros del público y diles que ellos mismos van a hacer el truco.

2 Explica a los espectadores que vas a dividir la baraja en dos partes. Luego, separando la baraja en las dos mitades (redondeada y plana-picuda), da una mitad a cada uno de los voluntarios.

3 Pide a cada uno de los voluntarios que saque una carta de la media baraja del otro voluntario.

4 Ahora deberán mirar la carta que han elegido, mostrársela al resto del público y memorizarla. Deja bien claro que tú no puedes ver las cartas que ellos han elegido.

5 Ahora diles que deben colocar la carta que han elegido en su propio montón y barajarlas bien.

6 Pide a los voluntarios que extiendan los dos montones de cartas sobre la mesa. Se quedarán asombrados cuando tú identifiques las cartas que habían elegido.

CAMBIO DE REYES

El público ve cuatro reyes en tu mano. Coges el rey de tréboles y lo deslizas por el brazo. ¡Se ha convertido en el as de tréboles! Cuando vuelves a mostrar las cartas, resulta que son todo ases.

PREPARACIÓN

MATERIAL NECESARIO:

- cuatro reyes, cuatro ases y otras tres cartas cualquiera de la baraja
- una regla
- un lápiz
- tijeras
- pegamento

1 Pega la parte de atrás del rey de tréboles con la parte de atrás del as de tréboles.

2 Corta los otros tres reyes y ases por la mitad en diagonal, desde la esquina superior derecha a la inferior izquierda. Pega la mitad del rey de corazones y la mitad del as de corazones a la parte delantera de otra carta. Haz lo mismo con los otros dos reyes y ases.

Bla, bla

«Aquí tenemos a los cuatro reyes... y ahora tenemos aquí al rey de tréboles solo. Pero yo preferiría tener una carta más alta... ¡Oh, mirad! ¡Ha aparecido el as de tréboles! ¿Y qué pasa con estas otras tres?... ¡Se han convertido en ases!

ACTUACIÓN

1 Muestra al público que tienes cuatro reyes en la mano.

2 Después pones las otras tres cartas boca abajo en la mesa. Coge el rey de tréboles y colócalo sobre tu brazo. Agárralo entre el pulgar y el corazón, como muestra la fotografía.

3 Con un movimiento rápido, vuelve la carta empujándola con el dedo corazón mientras la bajas por el brazo. El rey se habrá convertido en el as de tréboles.

4 Coge las otras tres cartas y dales la vuelta, de forma que las mitades con el as queden al descubierto. Coloca el as de tréboles delante, y luego muestra los cuatro ases al público.

SIENTE LA FUERZA

Con esta técnica, conocida como «forzar una carta», conseguirás que alguien elija la carta que tú quieras. Tendrás que practicar un poco para manejar la baraja con tu mano más fuerte, pero se trata de una técnica muy útil y que vale la pena aprender.

PREPARACIÓN

MATERIAL NECESARIO:
- una baraja de cartas

ORGANIZACIÓN

Coloca la carta que tú quieres que alguien elija encima de toda la baraja, pero antes, graba en tu memoria de qué carta se trata.

ACTUACIÓN

1 Coge la baraja boca abajo con la mano derecha, colocando el dedo pulgar en la esquina superior.

2 Pasa el pulgar por la esquina de toda la baraja separando las cartas. Pide a un voluntario que te diga cuándo quiere que pares.

3 Con la mano izquierda, abre la baraja como si fuese un libro por donde te han dicho que pares.

4 Levanta la mitad superior de la baraja con las puntas de los dedos de la mano izquierda y el pulgar. Mientras, sujeta con la mano derecha la primera carta del montón y empújala para que caiga en el montón de debajo.

5 Ofrece al voluntario el montón de debajo para que coja la carta de arriba. Esta carta «elegida» es la que tú habías memorizado antes.

UNA SUELA MUY LISTA

Una vez que has aprendido a «forzar» a tu ayudante a elegir una carta, existen una serie de variantes del truco. En esta, un voluntario elige una carta «al azar», la vuelve a colocar en la baraja y mezcla todas las cartas. Luego el mago lanza la baraja al aire, camina sobre las cartas y la que había elegido el ayudante aparece dentro del zapato por arte de magia.

PREPARACIÓN

MATERIAL NECESARIO:

- una baraja
- una carta más de otra baraja

ACTUACIÓN

1 Fuerza a un espectador a elegir una carta, utilizando la técnica descrita en la página 31.

2 Tu ayudante debe memorizar la carta y volverla a colocar en la baraja.

3 Pídele que baraje bien las cartas antes de devolverte el montón.

4 Lanza todas la cartas al aire y deja que caigan al suelo.

Consejos

Si la carta elegida cae al suelo boca arriba, puedes dar más emoción al truco: camina sobre las cartas, diciendo que tus pies te van a decir cuándo están pisando la carta elegida. Luego agáchate, cógela y muéstrala al público. Finalmente di que los pies no son lo único que tenemos a pares, y saca la carta idéntica del zapato.

ORGANIZACIÓN

1 Coloca dentro de tu zapato una carta idéntica a la que vas a «forzar» a elegir a tu ayudante.

2 Coloca la carta que tu ayudante va a elegir encima de la baraja.

5 Camina sobre las cartas y di que tus pies son muy listos.

6 Ahora párate donde tus pies «noten» la carta y agáchate para quitarte el zapato.

Bla, bla

«Os voy a hacer un truco de magia que he estado pisando, digo pensando, mucho tiempo... Elige una carta, recuerda cuál es y volveremos a meterla en la baraja... Baraja bien... Voy a arrojar todas las cartas al aire...Ahora que está en el suelo, mis pies van a tener que encontrar la carta...¡Vaya, la carta ha saltado del suelo y se ha metido dentro de mi zapato...! ¡Pero bueno! ¿Era ésta la carta que habías elegido?

7 Con elegancia, descubre que la carta elegida está dentro de tu zapato.

LA CARTA CHIVATA

Con esta técnica podrás seguir la pista a una carta que un espectador ha elegido libremente. El término «chivata» se refiere a una carta que, colocada encima de la carta elegida, sobresale ligeramente hacia ti en la baraja. Sabiendo dónde está la carta chivata mientras barajas, podrás luego localizar la carta elegida.

PREPARACIÓN

MATERIAL NECESARIO:
- una baraja de cartas

ACTUACIÓN

1 Pide a un espectador que elija una carta cualquiera

2 El espectador debe mirar la carta y memorizarla.

3 Luego, el espectador coloca la carta encima de la baraja.

4 Sosteniendo la baraja con la mano izquierda (si no eres zurdo), saca la mitad inferior de la baraja con la mano derecha. Es el momento de sacar la carta chivata.

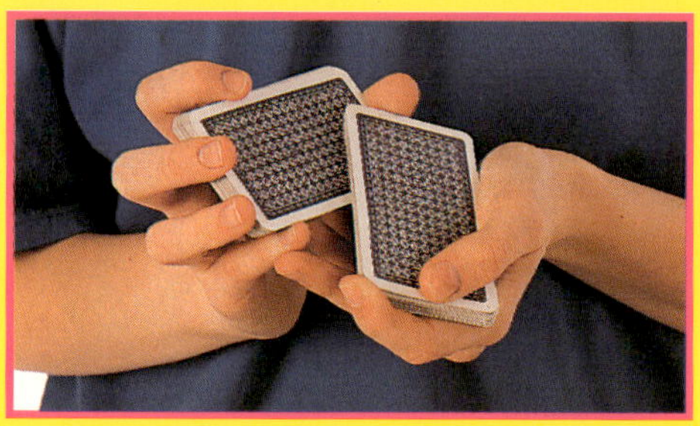

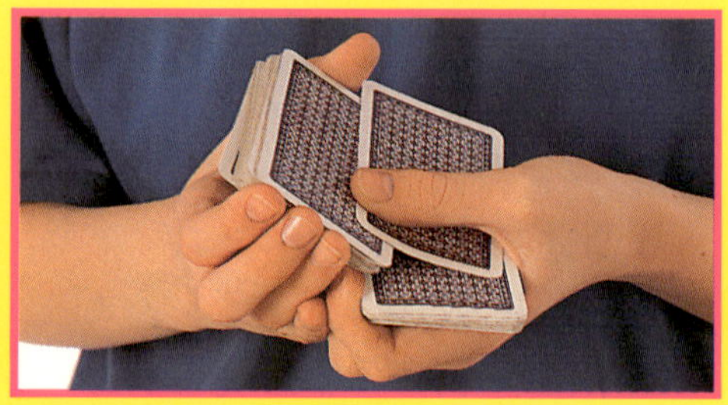

5 Con el pulgar izquierdo, desliza la carta superior de la media baraja de tu mano derecha. Coloca esta carta de manera que sobresalga hacia ti 1 cm.

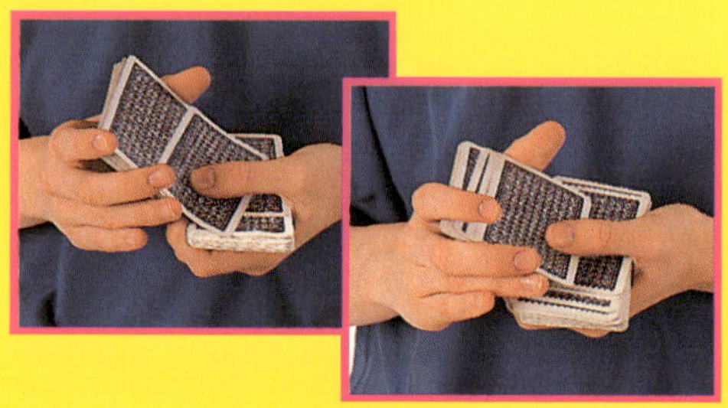

6 Ahora baraja el resto de las cartas de la mano derecha sobre las de la izquierda. Hazlo de modo que las cartas no queden perfectamente alineadas.

Consejos

1 Tendrás que practicar este truco hasta que perfecciones los movimientos. Vigila el ángulo de las manos, para que el público no vea la abertura.
2 Para descubrir cuál es la carta, ábrelas en abanico como si fueses a elegir una, y elige la de arriba.

7 Ahora, la baraja está en la mano izquierda, y la carta elegida por el espectador se encuentra debajo de la que sobresale hacia ti (la carta chivata).

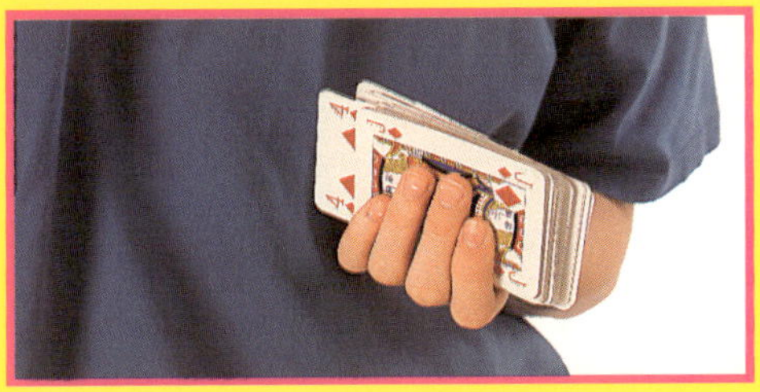

8 Coloca la baraja de lado sobre tu mano izquierda. Con el pulgar derecho separa la mitad superior de la baraja, utilizando la carta chivata.

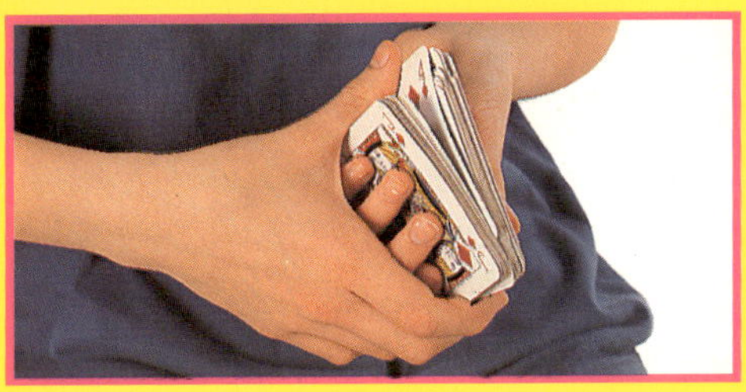

9 Ahora tienes una abertura en forma de V en la baraja. La primera carta que está boca abajo en la abertura es la que había elegido el espectador.

10 Baraja todas las cartas que están en la parte superior de la abertura.

11 Coloca la mitad inferior de la abertura sobre las cartas de la mano izquierda. Ahora la carta elegida es la primera.

12 Vuelve a coger la baraja con la mano derecha y baraja deslizando la carta superior hasta colocarla debajo de toda la baraja.

13 Baraja todas las cartas hasta llegar a la última, y vuelves a colocarla al principio. Ahora sabes que la carta elegida está otra vez la primera.

DETECTOR DE MENTIRAS

Este truco puedes hacerlo una vez que domines la técnica de «La carta chivata» descrita en las páginas 34-35. Aquí el voluntario elige una carta de la baraja al azar y el mago la adivina.

PREPARACIÓN

MATERIAL NECESARIO:
- una baraja de cartas

ACTUACIÓN

1 Pide a un voluntario que elija una carta de la baraja.

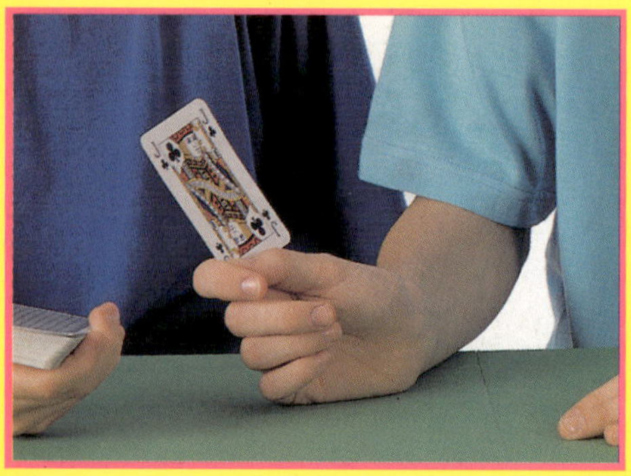

2 El voluntario debe mirar la carta, memorizarla y colocarla encima de la baraja.

3 Baraja las cartas utilizando la técnica de «El chivato» (páginas 34-35). Al final, mira la carta superior: ésta es la carta elegida.

4 Ahora entrega la baraja al voluntario y pídele que baraje bien las cartas.

5 Pide al voluntario que vuelva las cartas una por una sobre la mesa. Tiene que decir: «Esta no es mi carta», incluso cuando llegue a la carta que había elegido.

6 Di al voluntario que, por el tono de su voz, vas a saber si miente o no. Cuando llegue el momento en que vuelve la carta que había elegido...

Bla, bla

«Por el tono de tu voz, soy capaz de adivinar si estás diciendo la verdad o mientes. Elige una carta y yo voy a barajarlas todas... o mejor dicho, para que veas que no hago trampa, barájalas tú... Ve poniéndolas boca arriba diciendo: "Ésta no es mi carta"... ¡Ah, ahora has dudado un poco! ¡Ésta sí era tu carta!»

7 ...dile que está mintiendo y señala la carta.

LA CARTA CLAVE

Este truco también consiste en averiguar qué carta ha elegido un voluntario del público. Funciona de manera parecida a la técnica de «La carta chivata» (páginas 34-35), pero es más fácil de aprender y de realizar.

PREPARACIÓN

MATERIAL NECESARIO:
- una baraja de cartas

ORGANIZACIÓN

Graba en tu memoria la carta situada al final de la baraja. Esta es la «carta clave».

Bla, bla

«Elige una carta... Tenemos que mezclarla con el resto. Di «alto» cuando quieras...¿Aquí? Vuelve a colocar la carta en la baraja... Veo una carta negra... con el número cinco: ¡El cinco de tréboles!»

ACTUACIÓN

1 Pide a un espectador que elija una carta cualquiera de la baraja. Luego debe mirarla y memorizarla.

2 Echa unas cuantas cartas, una por una, sobre la mesa, y pide a un voluntario que diga «alto» cuando lo desee.

3 Ahora dile que ponga la carta elegida encima del montón que está sobre la mesa.

4 Coloca el resto de las cartas encima. La carta clave está ahora encima de la carta elegida.

5 Mira las cartas como si estuvieses concentrándote para «adivinar» cuál es la carta elegida. Otra posibilidad es mirar las cartas, ver cuál es la elegida, y simular que tratas de adivinar cuál es de la misma manera que en «El detector de mentiras» (página 36).

EL ARROZ CRECE

En este impresionante truco, el público ve que el mago llena una tarrina vacía hasta el borde con arroz crudo. Luego el mago coloca otra tarrina idéntica boca abajo sobre la anterior. Cuando levanta la tapa, hay el doble de arroz.

PREPARACIÓN

MATERIAL NECESARIO:
- dos tarrinas iguales de helado o crema de cacao, cuya tapa sobresalga un poco.
- tijeras
- pegamento
- cinta adhesiva
- una jarra con arroz crudo
- una bandeja honda
- cartulinas de colores o pinturas

1 Con cuidado, corta el reborde de una de las tapas de la tarrina todo alrededor, dejando un pequeño borde para poder pegarla fácilmente.

2 Pega la tapa en una de las tarrinas, más o menos a la mitad de altura.

3 Opcional: decora ambas tarrinas, pero asegúrate de que quedan exactamente iguales.

Bla, bla

«Voy a llenar esta tarrina con arroz. ¡Eh...! Demasiado. Lo nivelaré con mi varita mágica... Ahora está llena hasta el borde... Aquí tenemos otra tarrina, aunque ésta se encuentra vacía... Voy a colocar esta segunda tarrina vacía encima de la otra... Ahora llevaremos el arroz y las tarrinas al gélido Norte... al misterioso Este... al cálido Sur... y al salvaje Oeste. Y tras recorrer el mundo entero, puede que el arroz esté algo pasado pero...¡ahora tenemos el doble!

ACTUACIÓN

1 Llena de arroz la tarrina que no está trucada hasta que rebose.

2 Nivela la superficie con la varita mágica y deja que el arroz sobrante caiga en la bandeja.

3 Quita la tapa a la segunda tarrina, procurando que el público no vea la boca de la tarrina.

4 Coloca la tarrina trucada boca abajo sobre la tarrina que llenaste de arroz.

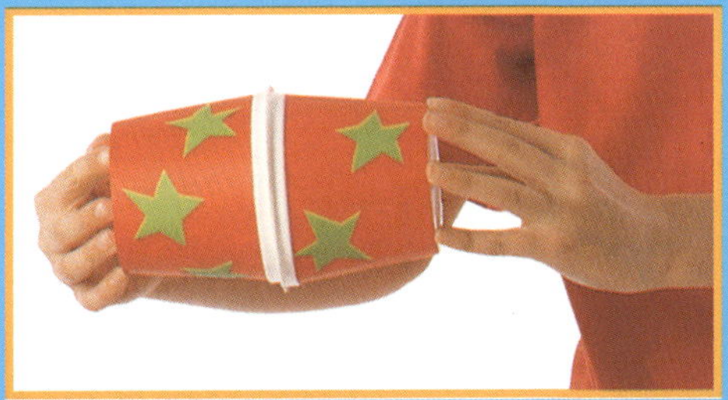

5 Coloca las tarrinas horizontalmente, sujetándolas con firmeza, y muéstralas recorriendo toda la sala.

6 Cuando vuelvas a colocarte de cara al público, das la vuelta a las tarrinas y las colocas sobre la bandeja; la tarrina trucada está ahora abajo.

7 Al levantar la tarrina superior, el arroz se derramará en la bandeja. Aparentemente su volumen se habrá duplicado.

CEREALES MISTERIOSOS

Abres una caja de cereales delante del público, pero sólo queda dentro un cereal. Muestras que el paquete está vacío abriendo la base y dejando que el público mire a través de la caja. Luego cierras la base y la tapa superior, y golpeas ligeramente la caja con tu varita mágica. Cuando abres la tapa superior de la caja otra vez, viertes toda una ración de cereales en un cuenco.

PREPARACIÓN

MATERIAL NECESARIO:

- dos cajas de cereales idénticas
- cereales suficientes como para llenar un cuenco
- pegamento
- tijeras
- velcro
- un cuenco
- una cuchara

1 Abre las solapas de las dos cajas. Corta un trozo de una caja, desde la esquina inferior hasta una anchura de 4 cm en la parte superior.

2 Vuelve este trozo del revés y aplica pegamento en el borde exterior. Pégalo firmemente dentro de la caja de cereales completa.

3 Corta dos tiras de velcro y pégalas en las solapas inferiores de la caja. Luego cierra la caja por abajo y ajústala con el velcro.

ORGANIZACIÓN

Llena de cereales el compartimento secreto. Cubre los cereales con una de las solapas laterales y agita la caja: no deben oírse los cereales. Si sucede esto, llena aún más el compartimento secreto. Luego cierra el paquete.

Consejos

Cuando, al comienzo del truco, abras la caja para sacar el único cereal que hay dentro, sujeta fuertemente con los dedos la solapa lateral para ocultar el compartimento secreto y mantenerlo cerrado.

ACTUACIÓN

1 Abre el paquete de cereales y deja caer en un cuenco el único cereal que hay en la caja. Finge tristeza al ver que sólo queda eso.

2 Abre las solapas de la parte inferior de la caja y, con la base apuntando hacia el público, muestra que la caja está completamente vacía.

Bla, bla

«Después de una dura jornada haciendo trucos de magia, necesito tomar unos cereales. ¡Vaya! Alguien se me ha adelantado y no queda nada en el paquete... Puede que si me concentro pensando en un cuenco lleno de cereales... ¡Sí, ya está! Pero ahora, ¿de dónde saco la leche?

3 Cierra las solapas de la caja de cereales y da unos golpecitos con tu varita mágica.

4 Ahora abre la parte superior de la caja, vuélcala y... ¡allá van cereales suficientes como para llenar un cuenco entero!

ATRAVESAR LA MESA

He aquí un truco que hace desaparecer los objetos delante de las narices de los espectadores. Tendrás que practicar un poco ante un espejo para lograr un buen efecto, pero descubrirás que, una vez dominado, es un truco muy espectacular con el que vas a impresionar a tus amigos.

PREPARACIÓN

MATERIAL NECESARIO:

- un salero
- una servilleta de papel
- una moneda pequeña

ACTUACIÓN

1 Coloca una moneda sobre la mesa y explica a los espectadores que vas a conseguir que atraviese la mesa.

2 Coloca el salero sobre la moneda, luego cúbrelo con la servilleta «por razones de seguridad».

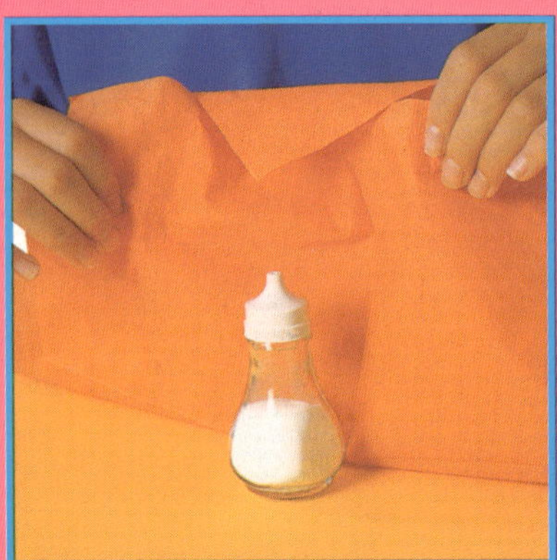

3 Coloca las manos sobre la servilleta a los lados del salero, y agárralo con ambas manos.

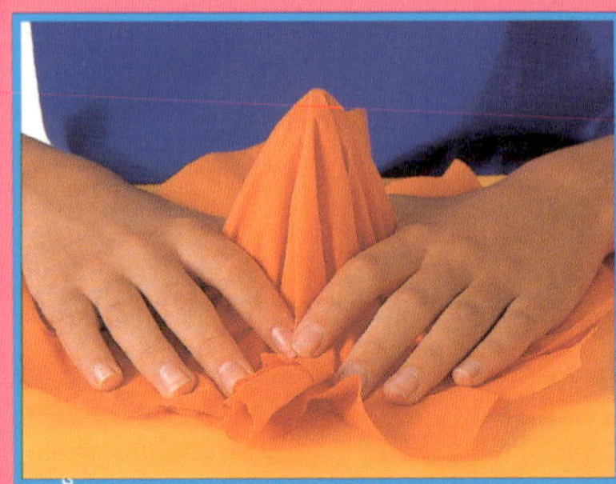

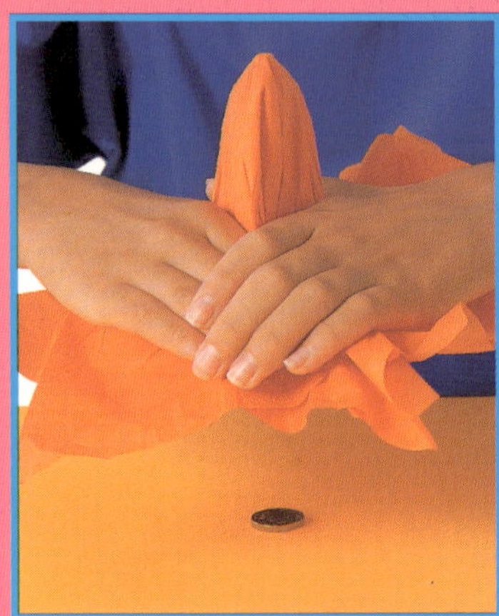

4 Comunica al público que, después de contar hasta tres, la moneda atravesará la mesa. Mueve el salero, cubierto por la servilleta, hacia atrás y hacia delante, hasta situarlo justo sobre tu regazo, para ver si ha desaparecido la moneda.

5 Mueve el salero hacia atrás y hacia adelante de esta manera tres veces, comprobando si la moneda sigue estando allí. Después de cada vez, golpea ligeramente la moneda con el salero.

Si no encuentras un salero con la tapa puntiaguda, puedes utilizar cualquier otro objeto que tenga un tamaño similar y que se estreche por arriba.

Consejos

Para completar el número, busca con la mano debajo de la mesa al final del truco, como para coger algo del suelo, y sacas el salero escondido en tu regazo. Confirma cómo efectivamente el salero había atravesado la mesa.

6 A la de cuatro, en el momento en que el salero y la servilleta están sobre tu regazo, deja caer suavemente el salero en el regazo y vuelve a colocar la servilleta, aún con la forma del salero, en su posición original sobre la moneda.

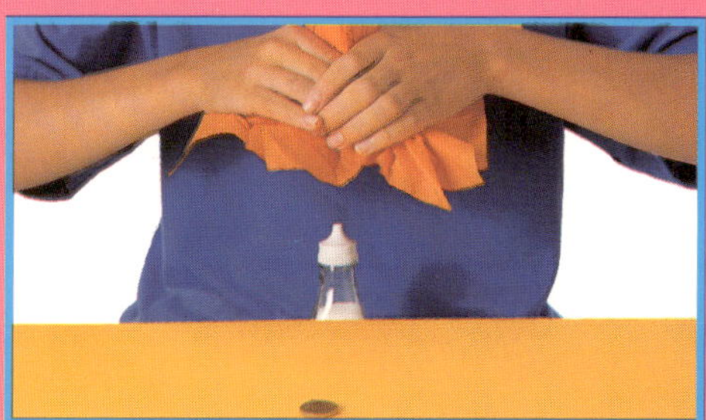

7 Suelta la servilleta y, antes de que el público se dé cuenta de que el salero ya no está ahí...

8 ...da un golpe seco sobre la servilleta. La moneda sigue estando ahí, pero..¡el salero ha desaparecido!

Bla, bla

«Voy a hacer que esta moneda atraviese la mesa empujándola con este salero...Vamos a cubrirlo con una servilleta, porque parece un poco frágil...A la cuenta de tres, la moneda desaparecerá. Uno...dos...tres...¡Glub!, la moneda sigue estando aquí, pero...¡el salero ha desaparecido!

EL PLÁTANO TROCEADO

Este truco mágico se realiza utilizando una técnica llamada «el mago elige», con la que conseguirás que un espectador elija el número que tú quieras. El público ve un plátano que, al pelarlo, está partido en tantos trozos como indica el número elgido.

PREPARACIÓN

MATERIAL NECESARIO:

- papel grueso o cartulina
- un rotulador
- tijeras
- un racimo de plátanos
- una aguja de zurcir

1 Corta cuatro trozos de cartulina. Deben tener aproximadamente del mismo tamaño que un naipe.

2 Escribe un número en cada trozo. Pon los números que quieras, pero uno de ellos debe ser el 3.

Bla, bla

«Elige dos números... ¿El dos y el cuatro? Voy a apartarlos. Ahora otro número. ¿El tres? Muy bien, quitaré el número que no has querido... Ahora, plátano, dime: ¿qué número es el que queda?... Lo siento, no te oigo. ¿Que te pele...? ¿Por qué? ¡Ah, que el número está dentro!

Consejos

1 El plátano puede partirse en tres, cuatro o cinco trozos. Varía el número en las diferentes representaciones por si la misma persona va más de una vez al espectáculo.

2 Si el truco se realiza en una sala grande, utiliza cartulinas mayores y un caballete.

ORGANIZACIÓN

Justo antes de la actuación (no mucho antes, o de lo contrario el plátano se pondrá marrón), clava la aguja de zurcir en uno de los plátanos, aproximadamente a la altura de un tercio empezando desde arriba. Menea la aguja suavemente de lado a lado. De la misma manera, haz un segundo agujero a la altura de un tercio empezando por abajo.

ACTUACIÓN

1 Coloca las cuatro cartas al azar boca arriba en la mesa. Pide a un voluntario que elija dos números cualquiera.

4 Si ha elegido el 3, aparta la otra carta. Si no ha elegido el 3, aparta la carta que ha señalado.

2 Si tu ayudante no ha elegido el 3, aparta las otras dos cartas que ha elegido. Si ha elegido el tres, aparta la otras dos cartas de la mesa. (Es necesario que el 3 se quede sobre la mesa).

5 Entrega un plátano al voluntario (el que preparaste con anterioridad), y dile que el plátano va adivinar el número que has elegido.

6 El ayudante tiene que pelar el plátano, y éste caerá en tres trozos.

3 Pide al voluntario que elija una de las dos cartas restantes. (Otra vez es necesario que el tres se quede sobre la mesa).

MAGIA EN LA COPA

Para realizar este truco tiene que participar un miembro del público. Hay una moneda en el fondo de una copa de vino. El voluntario tapa la copa mientras tú das unos golpecitos en su mano con otra moneda desde debajo. Esta moneda aparece junto con la primera dentro de la copa.

PREPARACIÓN

MATERIAL NECESARIO:

- una copa de vino
- tres monedas: una grande y dos pequeñas (las pequeñas, iguales)

ACTUACIÓN

1 Introduce una moneda pequeña, escondida debajo de la moneda grande, y desliza ambas por un lado de la copa.

2 Ahora haz girar la copa para mostrar que sólo hay una moneda dentro. La moneda pequeña debe permanecer escondida debajo de la grande. Muestra a tu ayudante la «única» moneda que hay.

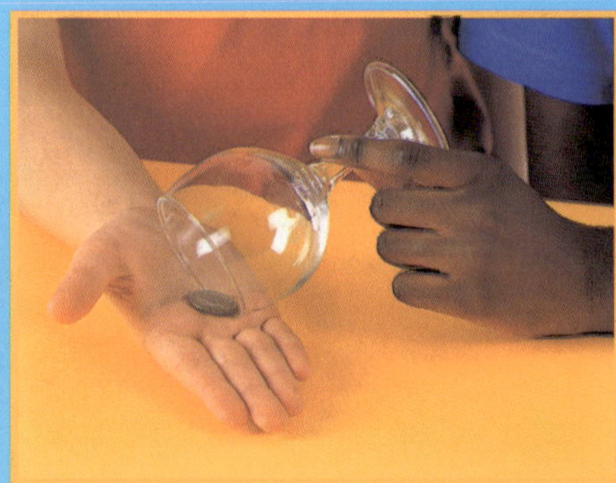

3 Vuelca la copa sobre la palma de la mano del espectador. De nuevo, éste sólo verá la moneda grande.

4 El voluntario deberá sostener la copa boca abajo entre las dos palmas de las manos. Coge la otra moneda pequeña y di al público que esta moneda va a atravesar la mano del voluntario y entrar en la copa.

ORGANIZACIÓN

Antes de empezar, asegúrate de que la copa y las monedas que has elegido sirven para este truco. Prueba haciendo girar dos monedas, la grande sobre una de las pequeñas, dentro de la copa.

Consejos

Antes de realizar este truco, practica volcando la copa sobre la palma de la mano y manteniendo las dos monedas juntas. Una vez que domines esto, sólo se verá la moneda grande en tu mano.

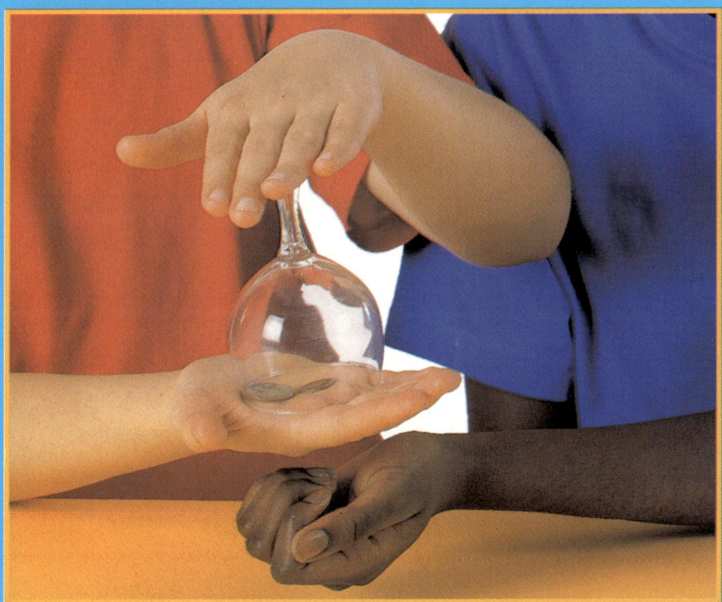

Bla, bla

«Vamos a hacer un truco con una copa y dos monedas. Una de las monedas la metemos en la copa... La hacemos girar y girar... Ahora la haremos caer en tu mano... Guárdala bien poniendo la otra mano encima... Con esta otra moneda voy a darte un gopecito debajo de la mano y... ¿Sabías que tienes un agujero en la mano?»

5 Con la segunda moneda pequeña bien visible entre tus dedos pulgar e índice, da un golpecito seco en la mano de tu ayudante por debajo. La sacudida hará que la pequeña moneda escondida en la copa aparezca encima de la moneda grande. Rápidamente esconde la monedita que tenías en la mano dejándola caer dentro de la palma de tu mano, y de ahí la pasas a tu regazo o a un bolsillo.

HELADO DE REINA

Este truco comienza cuando un miembro del público elige una carta de una baraja. El mago coloca la baraja dentro de un cucurucho hecho de papel doblado. Al abrir el cucurucho, la baraja ha desaparecido, pero cuando el mago da la vuelta al cucurucho, aparece un dibujo grande de la carta elegida por tu ayudante.

PREPARACIÓN

MATERIAL NECESARIO:

- dos cartulinas del mismo color (30 x 30 cm)
- cinta adhesiva decorativa
- pegamento
- una baraja de cartas
- una reina de corazones gigante (u otra carta grande)

1 Pega las dos cartulinas con la cinta adhesiva decorativa, dejando una abertura de 12 cm en una esquina.

2 Pega la reina de corazones grande (o la carta que hayas elegido) en el centro de una de las caras del cuadrado.

3 Haz tres dobleces en el cuadrado, como se ve en el dibujo. Al doblarlo, formará un cucurucho.

Bla, bla

«Necesito un voluntario. En primer lugar, mi amiga va a elegir una carta y os la va a enseñar... Ahora baraja la cartas —gracias— y yo coloco la baraja en este cucurucho... Ahora, si todos gritáis al tiempo «¡salta!», la carta elegida saldrá del cucurucho dando un salto... ¡Vaya!... lo habéis dicho demasiado fuerte: todas las cartas se han escapado. No queda nada dentro... excepto una carta... ¿La carta que habías elegido era la reina de corazones?»

ACTUACIÓN

1 Utiliza la técnica de «forzar la carta» de la página 31 para que un espectador elija la reina de corazones. Luego deberá mostrar la carta al público, y volverla a colocar en la baraja.

Consejos

1 Para que no se descubra el bolsillo secreto, pega cinta decorativa en el borde interior de la abertura.
2 Cuando dobles el papel en un cucurucho, mantén el bolsillo secreto mirando hacia ti.

3 Mira dentro del cucurucho y explica que cuando los espectadores han gritado «¡salta!», han asustado a las cartas, y han desaparecido. Abre el cucurucho para mostrar que la baraja no está. (Mantén la carta grande mirando hacia ti.)

2 Pide al voluntario que mezcle las cartas y mete la baraja dentro del bolsillo secreto del cucurucho. Deberá parecer que la estás colocando en medio.

4 Sonriendo, di que aún queda una carta, y dando la vuelta al cucurucho, pregunta si esa era la carta que había elegido.

PAÑUELOS ENLAZADOS

El cucurucho (páginas 48-49) es muy útil para hacer aparecer y desaparecer objetos pequeños. Con ayuda de tres cucuruchos, puedes hacer el truco que presentamos a continuación. El mago coloca tres cucuruchos en tres vasos. Luego introduce un pañuelo en cada cucurucho. Al abrir el primer cucurucho, el pañuelo ha desaparecido. Lo mismo sucede al abrir el segundo cucurucho. Pero cuando abre el tercero, saca los tres pañuelos enlazados.

PREPARACIÓN

MATERIAL NECESARIO:

- seis cartulinas cuadradas (30 x 30 cm), de tres colores (por ejemplo: verde, amarillo y azul).
- tres vasos altos y delgados para meter los cucuruchos
- seis pañuelos de tres colores diferentes

1 Pega con cinta adhesiva dos pares de cartulina, dejando un hueco de 12 cm en una esquina (pág. 48).

2 Pega con cinta adhesiva el tercer par de cuadrados (aquí es el amarillo), dejando dos huecos de 12 cm cada uno.

3 Haz tres dobleces en cada uno de los cuadrados como muestra el dibujo, luego forma tres cucuruchos.

ORGANIZACIÓN

1 Ata tres pañuelos y coloca los tres restantes sin atar a un lado listos para usar.

2 Introduce los pañuelos atados en uno de los bolsillos del cucurucho amarillo, dejando que sobresalga una punta diminuta del último.

3 Pon los tres cuadrados de cartulina en la mesa.

ACTUACIÓN

1 Coge cada uno de los cuadrados, dóblalos formando un cucurucho y coloca un cucurucho en cada vaso.

Bla, bla

«Tengo tres vasos y tres cucuruchos de papel. Estos pañuelos —que me ha prestado mi madre— caben muy bien dentro de los cucuruchos... ¡Caramba! Uno de los pañuelos ha desaparecido, y el otro también... ¡Menos mal! ¡Al final han aparecido!

2 Mete un pañuelo dentro del bolsillo secreto del cucurucho azul. Al público deberá parecerle que estás colocando el pañuelo en el centro del cucurucho. Luego coloca otro pañuelo dentro del bolsillo del cucurucho verde.

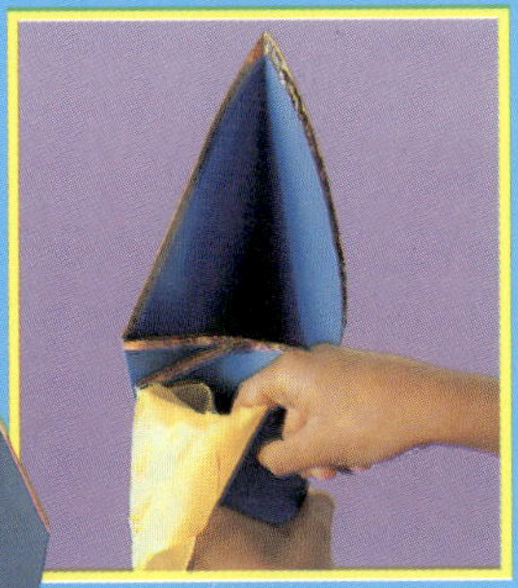

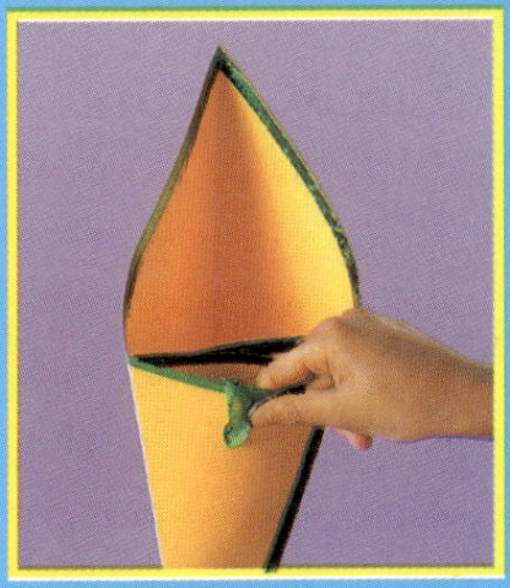

3 Coloca el tercer pañuelo dentro del bolsillo vacío del cucurucho amarillo. Al mismo tiempo, asegúrate de que asoma el extremo de los pañuelos atados (los que están en el otro bolsillo) por el borde del cucurucho.

4 Abre el cucurucho azul y muestra que el primer pañuelo ha desaparecido. Abre el verde y muestra que el siguiente pañuelo ha desaparecido también.

5 Sujeta firmemente el cucurucho amarillo dentro del vaso con una mano y, con la otra, tira de la cadena de pañuelos atados.

ESPOSAS DIABÓLICAS

Uno o dos voluntarios atan con fuerza los dos extremos de una cuerda alrededor de las muñecas del mago. Éste coge una pulsera en forma de aro con una mano, y esconde las dos manos y la pulsera bajo un gran pañuelo de seda. Un momento después, los ayudantes levantan el pañuelo y... ¡la pulsera está colgando de la cuerda!

PREPARACIÓN

MATERIAL NECESARIO:

- una cuerda de 1 m de longitud
- un pañuelo grande
- dos pulseras idénticas
- ropa de manga larga

ORGANIZACIÓN

Colócate una pulsera en el brazo, escondiéndola debajo de la manga.

ACTUACIÓN

1 Pide a dos espectadores que aten cada extremo de la cuerda alrededor de una de tus muñecas.

2 Di a uno de los voluntarios que te dé la pulsera, y explica al público que vas a hacer que el aro aparezca en la cuerda sin desatarte las manos.

Bla, bla

«Necesito dos voluntarios que sepan hacer un nudo fuerte. Gracias... Atad cada extremo de esta cuerda alrededor de mis muñecas. Ya estoy esposada... Ahora dadme esa pulsera... y tapadme las manos con este pañuelo... Pero tenemos un problema. ¿Cómo puedo hacer que el aro entre en la cuerda sin desatar los nudos?...Cuando cuente tres, levantad el pañuelo... Uno... dos... y tres. ¡Magia!»

3 Indica a los voluntarios que te cubran las manos con el pañuelo. Deben sujetar las puntas.

4 Mientras la manos permanecen ocultas, guárdate la pulsera en un bolsillo o bajo la ropa. Luego haz que baje la pulsera escondida debajo de la manga y pase por la cuerda.

5 Ahora pide a los voluntarios que levanten el pañuelo. Eleva los brazos con una sonrisa y enseña la pulsera que cuelga de la cuerda.

Consejos

1 Si actúas cerca del público, baja la pulsera de tu brazo por debajo de la mesa.
2 Si un voluntario marca la cuerda, verán que no te has desatado.

LA CAJA DEL ESPEJO

Esta caja que vamos a construir puede utilizarse para varios trucos en los que se hacen aparecer y desaparecer objetos (véanse páginas 56 y 66-69). Tiene dos compartimentos, pero gracias al espejo inclinado que hay dentro, el público sólo ve uno. En el otro, el «invisible», pueden guardarse pañuelos u otros objetos.

PREPARACIÓN

MATERIAL NECESARIO:

- un espejo. Puede ser pequeño (de 8 cm x 5 cm), o mayor (unos 20 cm x 15 cm)
- cartón o cartulina
- una regla
- una escuadra
- tijeras
- un cúter
- un lápiz
- pegamento
- papel de colores o pinturas
- dos cierres

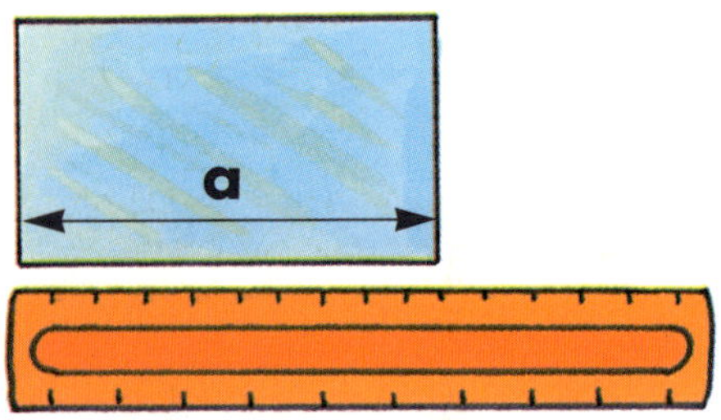

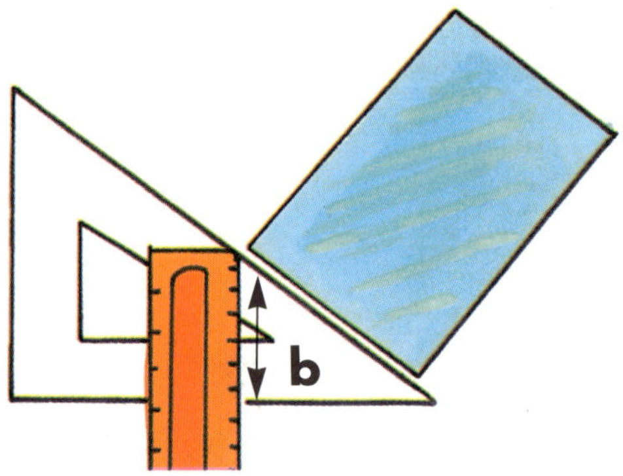

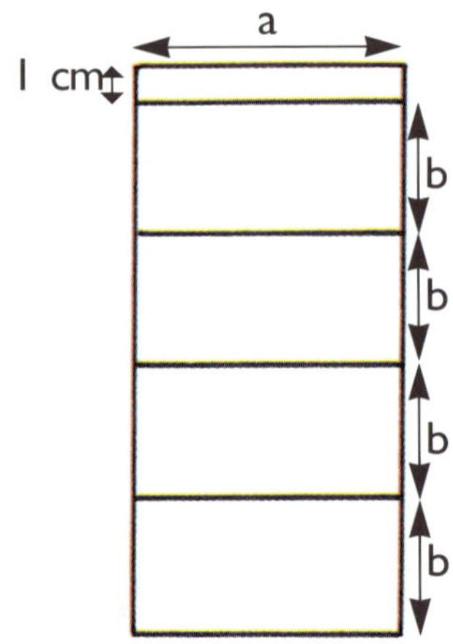

1 Mide el lado más largo del espejo. Ésta será la medida (a).

2 Coloca el lado más corto del espejo en el lado más largo de la escuadra. Mide la distancia (b) entre el final del espejo y la base de la escuadra.

3 En la cartulina, traza dos líneas verticales. La distancia entre ellas será igual a la medida (a). Traza a 1 cm de la parte superior una línea horizontal, uniendo las dos verticales. Luego traza otras cuatro líneas horizontales, cada una con una separación equivalente a la medida (b).

Consejos

1 Compra el espejo antes de hacer la caja. Éste puede tener el tamaño de un espejo de bolso. Sin embargo, si vas a actuar en un escenario, necesitarás una caja mayor (un espejo de unos 20 x 15 cm.

2 Cuando expliques al público lo que haces, recuerda que no debes mencionar el espejo.

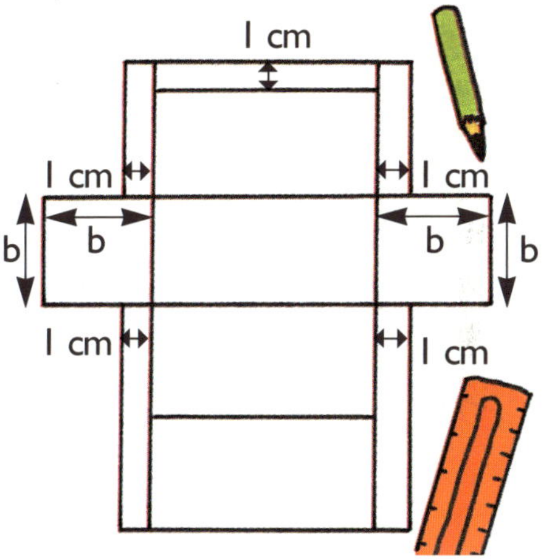

4 Dibuja un cuadrado a cada lado del segundo rectángulo. Luego traza una línea a 1 cm de distancia alrededor del borde de los tres rectángulos restantes.

5 Dibuja un rectángulo más pequeño dentro de cada uno de los dos rectángulos centrales. El espacio que quede alrededor del borde debe ser de 1 cm. Corta con el cúter tres de los lados de estos rectángulos,(indicados en color azul).

6 Traza líneas que unan las esquinas de los tres rectángulos grandes para señalar los bordes de las lengüetas. Da forma a las lengüetas cortando por las líneas de puntos azules. Marca las líneas rojas con una regla y unas tijeras cerradas.

7 Dobla los lados y un extremo de la caja y pega las lengüetas. Luego introduce el espejo diagonalmente en la caja y dobla el otro extremo de la caja pegando bien las lengüetas.

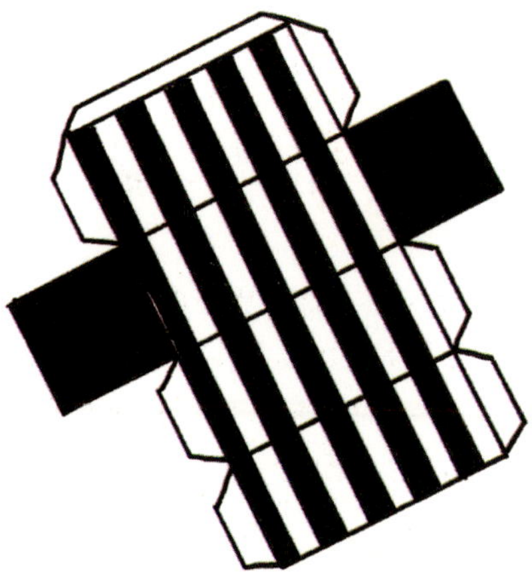

8 Para crear la ilusión de que la caja está vacía, es una buena idea decorar su interior con un papel a rayas. Esto será más fácil hacerlo después del paso n° 4, antes de utilizar las tijeras.

9 Ahora decora la caja por fuera. Si vas a pegar papeles de colores en el exterior, es más fácil hacerlo también después del paso n° 4. Pega los cierres en las dos puertas.

MAGIA CON ESPEJO

El público ve al mago introducir cuatro pañuelos, uno por uno, en una caja vacía. Cuando los saca, los pañuelos están atados.

PREPARACIÓN

MATERIAL NECESARIO:
- caja del espejo (pág. 54-55)
- ocho pañuelos de cuatro colores distintos

ORGANIZACIÓN

1 Ata cuatro pañuelos de distintos colores e introdúcelos en la caja por la puerta superior.

2 Prepara los otros cuatro encima de la mesa.

Bla, bla

«Como puede verse, esta caja no tiene nada en su interior... Uno por uno, voy a meter estos pañuelos en la caja... Ahora, por arte de magia, abro la puerta y... ¡los pañuelos están atados!»

ACTUACIÓN

1 Abre la puerta de la parte delantera de la caja y muestra al público que no hay nada dentro.

2 Introduce el primer pañuelo en la caja por la puerta delantera.

3 Ahora introduce los tres pañuelos siguientes en la caja, uno por uno.

4 Cierra la caja y agita la varita mágica sobre ella.

5 Abre la puerta superior de la caja y, estirando los brazos, tira de la cadena de pañuelos.

¡HASTA DENTRO!

Este truco es muy apropiado para un escenario. Si tienes mucha confianza en ti mismo, puedes hacerlo como «magia de cerca». El público verá que media varita mágica desaparece dentro de tu nariz o incluso de tu oído. Sigue las instrucciones detalladamente.

PREPARACIÓN

MATERIAL NECESARIO:

- cartulina negra (15 x 5 cm)
- cartulina blanca (6 x 4 cm)
- pegamento
- tijeras

1 Enrolla un trozo de cartulina negra formando un tubo estrecho de unos 15 cm de largo. Pega el borde.

2 Corta un trozo de cartulina blanca de 1 cm x 5 cm. Pégala alrededor de un extremo del tubo.

3 Coloca otro trozo de cartulina blanca (1,5 x 5,5 cm) en el otro extremo. Debe quedar bastante suelta como para deslizarse. Pega el borde.

ACTUACIÓN

1 Coloca contra tu nariz el extremo de la varita con el trozo blanco fijo. Escóndelo entre los dedos. Deja el otro extremo blanco a la vista y deslízalo lentamente hacia arriba.

2 Mientras acercas a la nariz el borde blanco tienes que mantener la parte negra que sobresale (la ves en la fotografía) escondida en tu mano.

Bla, bla

«¿Sabéis por qué a las varitas mágicas se les llama "mágicas"? Porque ellas también pueden desaparecer... Colocamos la varita aquí... Ahora sólo se ve un trocito...»

3 Vuelve a bajar el borde blanco a su posición inicial, aparta la varita de la nariz y muestra al público que tanto la nariz como la varita están bien.

AGITA LA CAJA

El público ve que el mago saca un clip de una de las tres cajas de cerillas. Luego cambia repetidamente el orden de las cajas y pide a un voluntario que señale la caja en la que se encuentra el clip. El mago agita la caja elegida, pero no se oye nada. Ahora el mago señala otra caja. Ésta sí suena y, al abrirla, allí está el clip. Cada vez que el mago cambia la cajas de sitio, el voluntario elige una caja vacía.

PREPARACIÓN

MATERIAL NECESARIO:

- cuatro cajas de cerillas
- cuatro clips
- una goma elástica
- cinta adhesiva invisible de doble cara

ORGANIZACIÓN

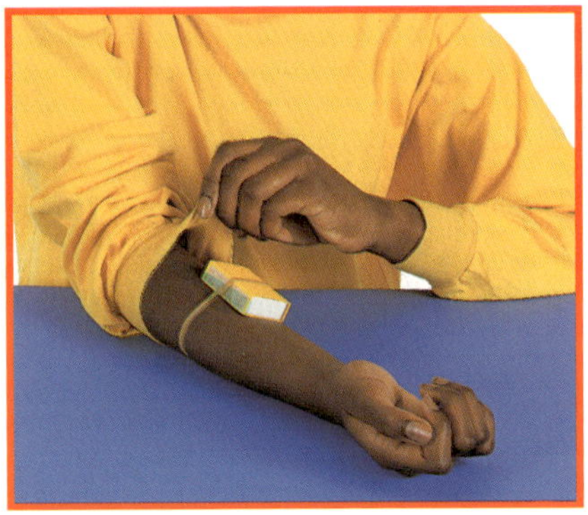

Coloca un clip dentro de la cuarta caja de cerillas y sujétala a tu brazo derecho con la goma. Luego bájate la manga para que no se vea.

Consejos

Puedes hacer este truco tantas veces como quieras; pero recuerda utilizar la mano adecuada para agitar las cajas.

ACTUACIÓN

1 Abre cualquiera de las cajas, saca el clip y enséñaselo al público y al voluntario. Luego vuelve a colocar el clip dentro de la caja y ciérrala.

2 Agita la caja que acabas de cerrar con la mano derecha. El público oirá el clip que tienes escondido en la caja de la manga y creerá que se trata del que está en la caja.

3 Di a tu ayudante que mire con atención mientras cambias de sitio las cajas varias veces.

1 Pega un poco de cinta adhesiva invisible de doble cara en el interior de tres cajas de cerillas.

2 Pega un clip en cada una de las cintas. Asegúrate de que las cajas no suenen cuando las agitas.

Bla, bla

«Veamos si puedes vencer al mago. Aquí tenemos tres cajas y un clip...Voy a cambiar las cajas de sitio...¿En cuál está el clip? ¿En ésta? ¿Segura?... Lo siento, aquí no hay ningún clip... Creo que está en esta otra... ¡Sí!... Vamos a intentarlo otra vez.»

4 Pide al voluntario que señale la caja en la que cree que se encuentra el clip.

5 Sacude la caja de cerillas que ha señalado con tu mano izquierda. No se oirá nada, de modo que tú dices que la caja está vacía.

6 Di a tu ayudante que el clip se encuentra en otra caja. Demuéstralo agitando otra de las cajas (cualquiera de las dos), pero hazlo con la mano derecha, para que suene el clip de la manga.

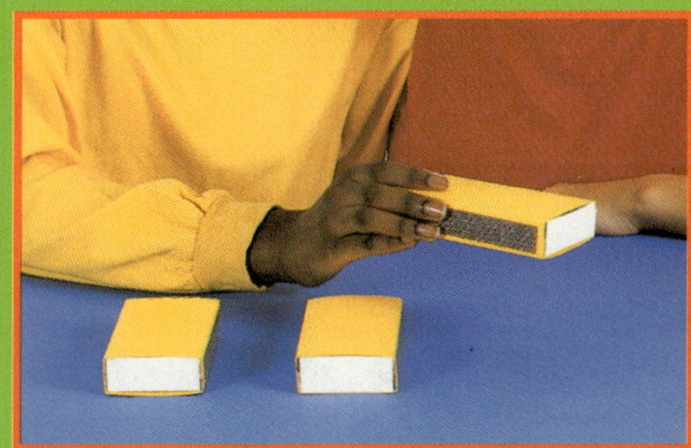

7 Ahora abre la caja que acabas de agitar y saca el clip de su interior.

¿HAY ALGUIEN EN CASA?

Este truco espectacular da buenos resultados siempre que exista una distancia entre el mago y el público. Necesitarás un ayudante de corta edad dispuesto (un hermano pequeño servirá muy bien) y tendrás que dedicar tiempo a preparar el accesorio principal: la casa en la cual aparecerá tu ayudante.

PREPARACIÓN

MATERIAL NECESARIO:

- una caja de cartón grande
- unas tijeras fuertes
- pegamento
- cartulina de colores

Consejos

Presenta este truco en primer lugar, ya que tu ayudante no podrá estar sin moverse durante mucho tiempo.

ORGANIZACIÓN

1 Pide a tu ayudante que se siente sin hacer ruido debajo de la mesa antes de que entre nadie en la sala. La mesa debe estar tapada con un mantel para que no se vea nada.

2 Pon el tejado, doblado, justo a un lado de la mesa, y coloca la parte principal de la casa donde te parezca mejor.

ACTUACIÓN

1 Levanta la casa y muestra a todo el mundo que está vacía. Luego colócala junto al tejado. No debe quedar ningún espacio vacío entre la mesa, el tejado y la casa.

2 Colócate en la parte delantera del escenario y explica al público lo que vas a hacer. Entre tanto, tu ayudante saldrá a gatas de debajo de la mesa, pasará detrás del tejado y se meterá en la casa por la puerta secreta. Debe tener mucho cuidado de no mover la casa al entrar.

1 Utiliza una caja grande de cartón, quitando la parte superior y la inferior, y dejando dos formas en pico para el tejado.

2 Ahora haz un tejado con cartón. El tejado debe poder quitarse y ponerse.

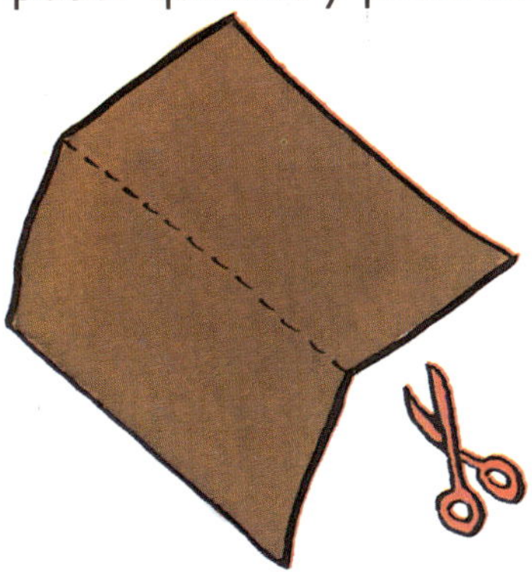

3 Decora la casa a tu gusto.

4 Finalmente, recorta una gran puerta en la parte trasera de la casa, a unos 20 mm de la base inferior.

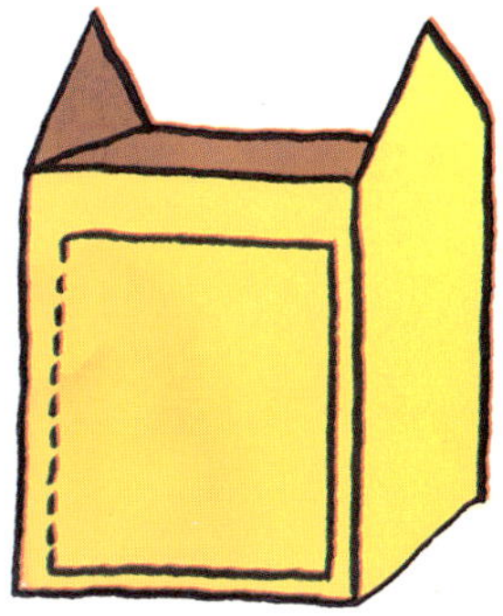

3 Coge el tejado y muestra al público que no hay nada debajo de éste ni entre la casa y la mesa. Luego coloca el tejado encima de la casa.

4 Ahora di unas palabras mágicas o agita tu varita mágica.

5 Mientras quitas el tejado preguntando en voz alta si hay alguien en casa, tu ayudante asoma alegremente por arriba de la casa.

Bla, bla

«Como podéis ver, no hay nadie en casa en este momento. No sé si voy a recibir alguna visita en mi nueva casa...Quizá si agito mi varita mágica...Una, dos, tres, ¡Arriba!»

LA CAJA GRANDE

Para llevar a cabo el truco explicado en las páginas 64-65, tienes que hacer una caja grande como la que mostramos aquí. Antes de empezar, piensa en quién va a ser la persona que te ayude a hacer el truco. Así sabrás el tamaño que tiene que tener la caja.

PREPARACIÓN

MATERIAL NECESARIO:
- una caja de cartón que mida unos 80 cm x 50 cm
- dos trozos de cartón de unos 80 cm x 50 cm
- un cúter o unas tijeras fuertes
- pegamento o celo
- papel de colores o pinturas
- una cuerda o cinta fuerte para el asa

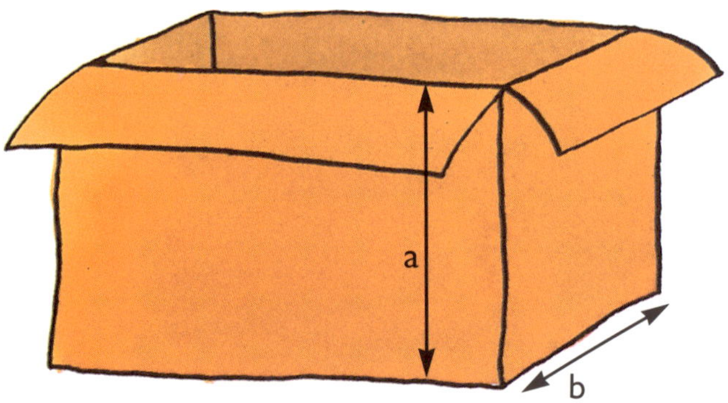

1 Consigue una caja de cartón grande cuya altura (a) mida lo mismo que el fondo (b). Debe ser rectangular más que cuadrada.

2 Abre las lengüetas inferiores y recorta las dos lengüetas más cortas y una de las largas. La lengüeta que queda la recortas dejando unos 4 cm.

3 Ahora pinta el interior de la caja de color negro, incluidas las lengüetas. Recuerda que el lado que tiene la lengüeta de 4 cm será la parte delantera en el truco.

Consejos

1 Este truco será más fácil si tienes dos cajas idénticas. En tal caso, puedes cortar de la segunda caja los dos trozos del paso nº 4.

2 Cuando practiques este truco, comprueba que a tu ayudante no se le pueda ver desde donde vaya a estar situado el público.

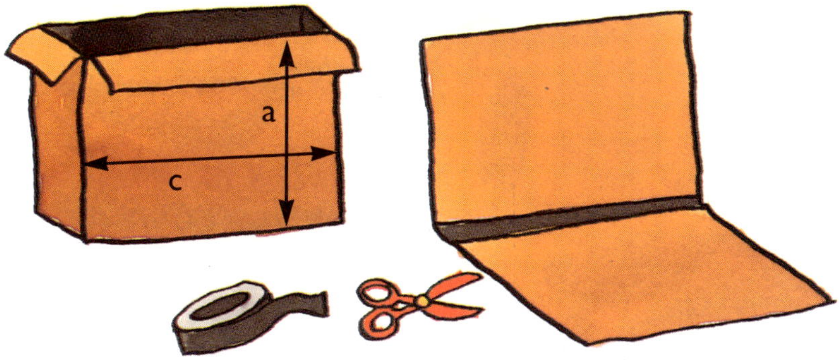

4 A continuación, coge los dos trozos de cartón y recórtalos hasta que midan 1 cm menos que la anchura de la caja (c) y 1 cm menos que su altura (a). Pega los dos trozos juntos formando un ángulo recto.

5 Haz un asa con la cuerda o cinta y sujétala en la parte interior del cartón tal y como muestra el dibujo. Pinta de negro los dos cartones unidos.

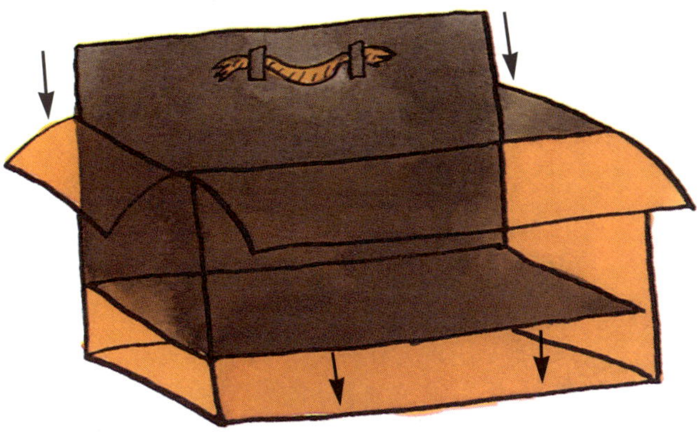

6 Introduce los dos trozos de cartón en la caja como muestra la figura. El lado que tiene el asa debe mirar en dirección contraria al panel delantero de la caja. La junta de las dos piezas unidas de cartón, debe apoyarse en la lengüeta de 4 cm.

7 Ahora decora el exterior de la caja. Puedes dejarla sin pintar si lo prefieres, pero entonces corres el riesgo de que llame la atención el hecho de que las lengüetas sí estén pintadas.

8 Finalmente, debes practicar con tu ayudante la técnica siguiente: él se sienta en la base falsa de la caja, agarrando el asa; tú inclinas la caja hacia delante y el lado falso (con el asa en él) ahora se convierte en la base de la caja, mientras tu ayudante la sostiene y la coloca en su sitio.

¡APARECE Y DESAPARECE!

Este truco es estupendo para empezar la función. Emplea la caja que hemos aprendido a hacer en las páginas 62-63. Necesitarás un ayudante (con el cual habrás practicado el truco antes) que pueda esconderse detrás de la caja, pero suficientemente mayor como para manejar la puerta mágica de la caja. El mago abre la caja y la inclina hacia adelante para mostrar que está vacía. Luego la cierra. Cuando la abre de nuevo, su ayudante aparece por arte de magia.

PREPARACIÓN

MATERIAL NECESARIO:

- caja grande (págs. 62-63)
- una mesa resistente en la que se pueda hacer el truco

ACTUACIÓN

1 Abre la caja, inclínala hacia adelante y muestra al público que está vacía. (Tu ayudante está sentado detrás, sosteniendo la base falsa en su sitio.)

2 Con cuidado, inclina la caja hacia atrás y colócala sobre la mesa. Tu ayudante empuja la base falsa hacia adelante y entra agachado en la caja.

3 Ahora cierra las tapas superiores de la caja.

ORGANIZACIÓN

1 Practica con tu ayudante inclinando la caja hacia atrás y hacia delante mientras él sostiene el asa. Debe esconderse detrás cuando tú la inclines hacia adelante, y entrar en la caja cuando esté de pie en la mesa.

2 Antes de que llegue el público, di a tu ayudante que se siente dentro de la caja, mirando hacia adelante y agarrando el asa (*véase* pág. 63).

Bla, bla

«Esto que veis es una caja vacía. ¿La ve todo el mundo? Nada por aquí, nada por allá... Ahora la voy a cerrar y diré unas palabras mágicas. No estaría mal que apareciera alguien que pudiese ayudarme con el resto de mi actuación... Veamos otra vez. Voy a abrir la caja para ver qué aparece dentro...¡Aquí lo tenemos!»

Consejos

Haz este truco al principio de tu actuación, para que tu ayudante trabaje contigo en los demás trucos. Para terminar, puedes hacer el truco al revés haciéndole desaparecer.

4 Di unas cuantas palabras mágicas con la caja cerrada.

5 Abre la caja sin inclinarla. Tu ayudante hará una sorprendente aparición.

CÓMO PREPARAR UNA FUNCIÓN

A la hora de preparar un espectáculo, conviene tener en cuenta una serie de cosas importantes. Existen varios aspectos que hay que considerar mucho antes de la representación: desde pensar en el orden de los trucos, hasta recoger el material, montar el escenario o preparar el número final.

PREPARA UN PROGRAMA

Selecciona con bastante antelación los trucos que vas a realizar. Para ello, una de las primeras cosas que debes tener en cuenta es el lugar donde se realizará la función.

En este apartado sugerimos tres programas distintos. El primero es más indicado para un escenario, y los cinco trucos que sugerimos están fotografiados en las páginas siguientes. En la página 68 presentamos otros dos programas, uno pensado para magia de salón y otro para cerca.

Piensa en la iluminación, en la música y en la disposición de los accesorios. Hazte una nota con el orden de los trucos.

PREPARA LOS ACCESORIOS

Antes de colocar todos los accesorios en una caja grande y dejarlos listos para la función, hay que comprobar que se han seguido todos los pasos de los apartados PREPARACIÓN y ORGANIZACIÓN. Por ejemplo, si vas a hacer aparecer una cinta y una cuerda de la misma caja con espejo, asegúrate de que has guardado la caja del espejo con ambos objetos en el orden adecuado. Cuando sitúes las cosas en la caja grande, ten cuidado en cómo colocas los accesorios. Algunos son más frágiles que otros y tal vez necesiten más embalaje.

ELIGE BIEN EL SITIO

Con independencia de dónde vaya a tener lugar la función, es importante que te familiarices antes con el lugar concreto donde vas a actuar. Si se trata de una habitación y no de un escenario, busca cuál es el lugar desde el que se vea mejor la actuación. Piensa en dónde pueden sentarse los espectadores cómodamente y desde dónde se ve mejor.

INSTALACIÓN

Muchas veces conviene aportar algo más de luz al «escenario». Asegúrate de que la luz no proceda directamente de detrás de ti, ya que, si esto sucede, el público te verá a contraluz. Si vas a poner música, piensa qué pieza será más apropiada para cada momento. Tanto para la iluminación como para la música necesitas disponer de un enchufe. Tal vez te haga falta también algún mueble, como una mesa grande, y un mantel grande que la cubra.

Busca un voluntario que esté dispuesto a ayudarte.

El mago utiliza la cuerda que ha hecho aparecer en este primer truco como accesorio para el truco siguiente.

TRATA DE IMPRESIONAR

Ahora que el público ya está cómodamente sentado, están encendidas las luces y suena la música, ha llegado el momento de empezar con el primer truco de la actuación. Elige algo impactante: aquí el mago hace aparecer varias cuerdas de la caja del espejo.

DESPUÉS...

En la medida de lo posible, trata de que un truco siga a otro de una manera fluida. Una posibilidad es utilizar en el truco siguiente el accesorio que ha aparecido por arte de magia en el truco anterior. En este caso, el mago emplea la cuerda sacada de la caja del espejo para su próximo truco: «La cuerda que atraviesa».

TU AYUDANTE

Para algunos trucos necesitarás una persona que te ayude. Con frecuencia, tendrá que ser alguien que elijas entre el público. Cuando busques a una persona que te ayude en tu actuación, escoge siempre a alguien que parezca deseoso de hacerlo.

No todo el mundo quiere ser el centro de atención ni que le cojan desprevenido. Para ciertos trucos, tu ayudante tendrá que ser alguien que conozca previamente el truco y con quien hayas practicado antes del espectáculo. Si es muy joven o tiene que permanecer escondido sin moverse en algún sitio, haz ese truco lo antes posible. Sé siempre amable con tu ayudante; es un error hacer que parezca estúpido por haber sido escogido para el truco. Antes de que vuelva a su asiento, dale las gracias por participar en el espectáculo.

Sacar una cinta en forma de surtidor de una caja con espejo es un final muy espectacular (derecha).

UTILIZACIÓN DE MARIONETAS

Para dar más variedad al espectáculo, puedes utilizar una marioneta. Elige un truco en el que puedas tener una de tus manos ocupada sin ningún problema, y practica los diálogos entre la marioneta y tú.

EL NÚMERO FINAL

Las marionetas hacen más divertido el espectáculo.

En el último truco, trata de hacer algo realmente asombroso para que el público se quede con ganas de más. El que mostramos aquí consiste en sacar una cinta que sale como un surtidor de una caja con espejo. (Para ello debes colocar una cinta muy larga dentro de la caja doblándola en suaves pliegues con forma de zig-zag). Ten siempre preparado un truco más por si acaso el público te pide que hagas otro. Pase lo que pase, nunca expliques ni repitas ninguno de tus trucos.

El truco de la cinta que sale como un surtidor resulta estupendo para fin de fiesta.

GLOSARIO

Los magos utilizan unas palabras especiales para referirse a sus artilugios y a sus técnicas. A continuación presentamos una lista con algunas palabras nuevas que te puedes encontrar, junto con la explicación de su significado.

accesorios Elementos utilizados para hacer los trucos.

amañar Ajustar algo para que, manteniendo su apariencia normal, podamos utilizarlo en un truco.

ardid Un elemento secreto de la actuación.

carga Objeto u objetos que se ocultan en un lugar secreto.

control Método consistente en seguir la pista a una carta elegida.

cuadrar Colocar las cartas en la baraja en un grupo compacto, sin que sobresalga nada.

desechar Dejar caer o perder algo en silencio y sin que nadie lo note.

desvío de atención Cualquier método utilizado para lograr que el público mire hacia otro lado mientras el mago hace algún movimiento sin ser visto.

escamotear Esconder un objeto en la palma de la mano.

final Terminación de un truco o una función.

forzar Método que consiste en hacer que un espectador elija la carta que el mago desea.

ilusión Un truco en el que se crea un gran efecto, como serrar a una persona o hacerla aparecer o desaparecer.

indicadores Números y símbolos que aparecen en la esquina de un naipe.

juego de manos Movimiento oculto de los dedos para realizar un truco.

levitación Ilusión de que alguien o algo está flotando sin ningún soporte visible que lo sostenga.

organización Disposición del material antes de la actuación.

polvos para las cartas (estearato de zinc) Unos polvos muy finos que se frotan sobre las cartas con el fin de manejarlas más fácilmente.

producción Truco en el que se hacen aparecer cosas del aire o de cajas vacías.

revelación Ruido accidental producido por algo escondido, que descubre su presencia al público, como el ruido de monedas ocultas en una mano.

robar Sacar algo en secreto de donde se encuentre escondido.

rutina Orden de los sucesos en un truco o de los trucos de una función.

tirón Ardid utilizado para hacer desaparecer un objeto tirando de éste hacia la manga o hacia el interior de una chaqueta.

MÁS INFORMACIÓN

Tal vez creas que es difícil encontrar información sobre magia. Después de todo, en ella hay muchos secretos. Se dice que la puerta de entrada al mundo de la magia está cerrada, pero no con llave. He aquí algunas maneras de abrirla.

BIBLIOTECAS

Busca información sobre magia en la biblioteca de tu localidad.

TIENDAS DE ARTÍCULOS DE MAGIA

Estas son algunas de las tiendas de magia a donde puedes acudir:
MÁGICUS. Diputación 247. 08009 Barcelona
ENIGMA. Roger de Flor 296, 08025 Barcelona
MAGIA CADABRA. Navarros 7, 41003 Sevilla

REVISTAS

Las revistas especializadas en magia son muy útiles. Solicita información a las siguientes revistas:

Ilusionismo
Revista del Consejo Nacional de la Sociedad Española de Ilusionismo. Exclusiva para socios. Bimestral. Barcelona

Misdirection
Revista técnica de ilusionismo. Editorial Marre. Barcelona

Mystica
Publicación del Bazar de Magia
Trimestral. Buenos Aires

CLUBES DE MAGIA

Las grandes ciudades suelen tener algún club de magia. En España puedes dirigirte a la Sociedad Española de Ilusionismo. Muchos clubes de magia cuentan con secciones especiales para niños.

La asociación de magia más famosa del mundo es *The Magic Circle,* de Londres. Posee una sección de correo postal para jóvenes magos de todo el mundo. Puedes dirigirte a:
The Young Magicians' Club,
The Magic Circle,
12 Stephenson Way,
London NWI 2HD, UK

INTERNET

En Internet, probablemente haya más páginas de información relativa a magia y a magos que de cualquier otro tema. A los magos les suelen fascinar tanto los ordenadores como la magia. La dirección de la Sociedad Española de Ilusionismo es: www.dirac.es/sei.

DE BUENA TINTA

Una buena manera de averiguar más cosas sobre magia consiste en preguntar a un mago. Pero recuerda que no debes hacer preguntas en medio de la función.

ÍNDICE

Las palabras en cursiva hacen referencia a los títulos de los trucos y las técnicas.

AGRADECIMIENTOS

Kingfisher quiere expresar su agradecimiento a las siguientes personas por su inestimable ayuda: al personal del establecimiento de artículos de magia de Davenports, por prestarnos material; a Rachel Fuller por hacer los accesorios de magia; a Marion McLornan por los efectos especiales que se emplearon en *Cómo preparar una función de magia*; a Ray Moller y a Sam Martin por su paciencia y experiencia en su estudio de fotografía; a Jo Brown, Lisa Macdonald y Katie Puckett por comprar material básico. Finalmente, nos gustaría dar las gracias sinceramente a todos los niños que hicieron de modelos: Aju Ahilan, Gurtaj y Janatpreet Bahd, Paul Bedford, Jay Briant, Tom Buddle, Antoine Campbell, Ben Clewley, Eleanor Davis, Cherelle Dovey (de *Tiny Tots to Tenns*), Kaisha Esty, Thomas Gage, Connie Kirby (de la agencia *Scallywags*), Kiki Loizou, Henry y James Moller, Ross Parsons, Claire y Nicholas Tolman.